历史的天空

—❧ **历史上著名的史学家** ❧—

历 史 的 天 空

历史上著名的史学家

王 博 编著

吉林出版集团股份有限公司 | 全国百佳图书出版单位

◆ 前 言 ◆

　　历史或简称史，指对人类社会过去的事件和行动，以及对这些事件行为有系统的记录、诠释和研究。历史可帮助今人理解过去可作为未来行事的参考依据，与伦理、哲学和艺术同属人类精神文明的重要成果。历史的第二个含义，即对过去事件的记录和研究，又称为"历史学"，或简称"史学"。

　　历史学与其密切相关的学科有年代学、编纂学、家谱学、古文字学、计量历史学、考古学、社会学和新闻学等。记录和研究历史的人称为历史学家，简称"史学家"。

　　我们要懂得历史，特别要在大的方面懂得历史，真正懂得历史了，就可以通过对历史的理解来武装我们的头脑，来武装我们的思想。

　　研究史学史能够帮助我们确定当前史学研究面临的任务，历史学家的重要作用就是消除人们目前对历史的效用和存在意义的种种疑问。

　　回顾史学的漫长发展过程，我们可以看到史学是作为力图使西方文明摆脱困境的一种文学而出现的。人们对历史的效用的理解是多方面的：保留人类的记忆，提供重要的资料，以及进行科学探索。

　　史学家研究各种书面文字但并不局限于此，努力并尝试解答和历史有关的问题。他们通过对历史的剖析研究，讲述着历史的学问，让我们从中学习，提高对历史的认知度，清楚他们的著作对我们来说是珍贵的、受益匪浅的礼物。

　　本书通过世界篇和中国篇详细介绍了中外著名的史学家，从人物特点、背景、所创作的名著方面详述了历史学家的成长及创作经历，通过浅显易懂的文字、传奇故事来让我们更加了解史学家，增长历史知识。

◆ 目 录 ◆

世界篇

◆ 目　录 ◆

世界篇

历史的天空

历史上著名的史学家

◆ 目 录 ◆

◆ 目 录 ◆

历史的天空

历史上著名的史学家

世界篇

全新眼光看历史
——斯塔夫里阿诺斯

　　斯塔夫里阿诺斯,美国当代著名历史学家。1913年生于加拿大温哥华,毕业于不列颠哥伦比亚大学,在克拉克大学获文科硕士学位和哲学博士学位;曾任美国加利福尼亚大学的历史教授、西北大学的荣誉教授和行为科学高级研究中心的研究员。斯塔夫里阿诺斯博士曾因杰出的学术成就而荣获古根海姆奖、福特天赋奖和洛克菲勒基金奖。

《全球通史》

　　《全球通史》是作者近年最重要的著作之一,分为《1500年以前的世界》和《1500年以来的世界》两册,共有7个版本。作者在本书中采用全新的史学观点和方法,即将整个世界看作一个不可分割的有机的统一整体,从全球的角度而不是从某一国家或某一地区的角度来考察世界各地区人类文明的产生和发展,把研究重点放在对人类历史进程有重大影响的历史运动、历史事件和它们之间的相互关联和相互影响上,努力反映局部与整体的对抗及它们之间的相互作用。

该书上起人类的起源，下至 20 世纪 70 年代多极世界相崎时期，上下数十万年，一气呵成。本书材料新，范围广，除政治、经济外，还涉及军事、文化、教育、宗教、科学技术、人口、移民、种族关系、道德风尚、思想意识等各个方面。书中吸收了近二十年来世界历史学研究诸领域的新成就，并以较大篇幅叙述了第二次世界大战以来的世界历史，所以全书读来颇觉新颖爽朗，有强烈的现实感。

《全球通史》作为全球史观的代表作，对于中国读者具有特殊的重要意义。其中最为重要的一点，是《全球通史》摒弃了西方传统的世界历史的阐释方法，如"古代—中古—近现代"的"三分法"，将整个人类历史的演进划分成两个基本的阶段，即 1500 年以前诸孤立地区的世界和 1500 年以后西方的兴起并占优势的世界。

斯塔夫里阿诺斯

这种划分方法对许多中国读者来说是不习惯的，因为大多数中国读者已经按照"三分法"形成了自己对历史的思维定式。但这种划分却有利于消除中国读者头脑中中国历史与世界历史之间的"时间位差"，把对中国历史的理解和认识真正融入对整个世界历史的理解和认识中去。

众所周知，"上古—中古—近代—现代"是中国历史学家对世界历史最为常见的阶段划分，也是从苏联移植过来的一种世界历史阐释体系，实际上是西方学术界"三分法"的变种。它无视"中世纪"只是欧洲乃至西欧独有的历史经历这样一种事实，而将整个人类社会的发展镶嵌到一个统一的框架之中，同时也把中国历史的阶段划分置于一种十分尴尬的境地：1840年开始的中国"近代"要比世界历史上的"近代"晚几百年。中国人由此不得不按照中国与世界两个不同的时间表来理解中国的过去与世界的过去。

斯塔夫里阿诺斯的《全球通史》无意这样为难我们。它也使用"中世纪"这样的概念，但主要用于描述欧洲的历史进程及其与欧洲以外地区历史进程的比较，而不是要把各地区的历史整齐划一。换言之，它没有设定一个统一的标准来评价世界各地区的历史进度。

"全球史"的精神

应该说，斯塔夫里阿诺斯的《全球通史》从一开始就是对现代文明的一种礼赞，尽管其曲调往往显得低回而不高亢。它试图展示人类社会从远古经由农业文明走向工业文明的进步历程，这无疑还是启蒙主义的路数，也是所谓"宏大叙事"——只不过这没有什么不对，因为它符合全球民众对自由平等、社会公正的渴望，而且契合"全球史"的精神。

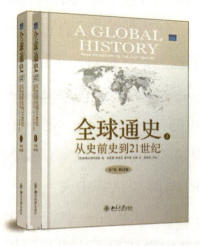

《全球通史》

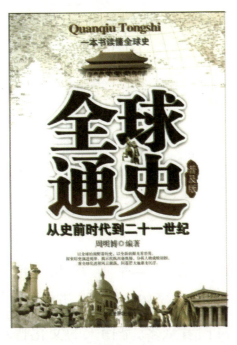

《全球通史》

"全球史"写的实际上就是"文明史"，其目的是要推动地球村中某种健康的共同文化的建设。这种"共同文化"，在斯塔夫里阿诺斯看来不是别的，就是现代文明——这一点他虽没有明说，但我们仍可以很容易地从他在本书的老版本里写的这句话中体会出那个意思：今天，欧洲三大革命向全球的传播虽然是在不同方面的支持下进行的，但似乎仍在以加速度

创造一种尽管在细节上不同、但在基本特征方面将是一致的世界文化。

它道出了"三大革命"与后来广泛流播于全世界的现代文明之间深刻的渊源关系，从而凸显了现代文明崇尚科学化、工业化和民主化的本质内涵。

同时它又强调了一个很重要的事实，即由现代文明的传播所创造的"世界文化"将是同质性与多样性的一种辩证统一。也就是说，世界各民族在接受了现代文明的本质内涵的同时，还将继续保留自己的某些可以与现代文明兼容的文化个性，从而继续维持各现代化社会之间的种种"细节上的不同"。

伟大的文化普及者——房龙

亨德里克·威廉·房龙,荷裔美国人,著名学者,作家,历史地理学家。1882年出生在荷兰,他是出色的通俗作家,在历史、文化、文明、科学等方面都有著作,而且读者众多,是伟大的文化普及者,大师级的人物。

房龙青年时期先后在美国康奈尔大学和德国慕尼黑大学学习,获得博士学位,房龙在上大学前后,屡经漂泊,当过教师、编辑、记者和播音员,在各种岗位上历练人生,刻苦学习写作,一度专门从通俗剧场中学习说话技巧。1913年起他开始写书,直到1921年写出《人类的故事》,一举成名,从此饮誉天下,1944年去世。房龙多才多艺,能说和写十种文字,拉得一手小提琴,还能画画,他的著作的插图全部出自自己手笔。

著作丰厚

也许是熟悉历史的缘故,房龙是较早视希特勒上台为严重威胁的少数美国人之一。1938年,他出版《我们的奋斗:对阿道夫·希特勒＜我的奋斗＞的回答》,展示了与德国纳粹势不两立的姿态。在德国入侵他的故国荷兰、野蛮轰炸了他的出生地鹿特丹之后，房龙自称"汉克大叔"，在美国通过短波广播对被占领的荷兰进行宣传，以他特有的机智向受难的同胞传递了许多信息。

《房龙地理》即《人类的家园》，此书是美国的房龙于1932年所著，是一本不可多得的好书。它的宗旨是"把所有的高山、城市、大海全部放进地图里，告诉我们生活在那里的居民的情况，告诉我们他们为什么会居住在那里，他们来自哪里，他们在干什么——把人类关心的故事写进地理学"。一经他的描写，平常我们看来很枯燥的地理知识，里面的山山水水、草草木木就显得栩栩如生。

房龙以其广博的知识、独特的视角和娴熟的表达手法为我们树立了一个地理知识的范本。房龙也是分国家来讲述地理的，但他并不像杂货铺的老板那样，满足于陈列一个个国家的人口、面积等，他有意识地将人在地理中的活动贯穿在知识的介绍中：这个国家的气候、地势如何，人们是怎样适应自然、利用自然继而改造自然的；特定的环境中，人们选择了怎样特定的生活方式，继而是如何影响当地的风俗、历史的，最后形成这个独一无二的国家和民族的。如果说以前的地理教科书是幻灯片的话，那么《房龙地理》就是一部活动的电影，里面的一切都栩栩如生，可触可感，呼之欲出。

在选读房龙的著作时，虽然《发明的故事》的科学内涵，相比之下会更多一些，但其作品在世

房龙像

15

房龙作品

界上影响最大的还是他的成名之作《人类的故事》。房龙的成名之作《人类的故事》，描述的是西方文明发展史，主要对象是少年。这本书在 1921 年 11 月推出，立即成为畅销书。本书的主要读者定位为少年儿童，实际上远远超过未成年少年儿童的阅读水平。

《圣经的故事》《人类的故事》《宽容》并列为房龙的三大名著，自出版以来，饱受赞誉，传读不衰。

站在全人类的高度

房龙为写作历史耗费了毕生的精力，他用他平易近人、生动流畅的文笔把高深、晦涩的历史知识和理解、宽容、进步的思想普及到广大普通读者中，向无知与偏执不懈地挑战，其精神与功绩都值得后世的赞扬。

房龙叙述历史的立足点，即他始终站在全人类的高度在写作。虽然作为一个过了 20 岁才移居美国的荷兰人，他不可避免地更多写他熟悉的西方，也更钟情于他的故国，但他绝不是西方中心论者。他一直在努力从人类的眼光来观察生活和叙述历史，超越地区的、宗教的、党派的和种族的偏见。他反对任何形式的狭隘，包括那种为了给本民族增光而歪曲事实的超爱国主义。

"一切历史都是当代史"
——克罗齐

贝奈戴托·克罗齐是意大利著名文艺批评家、历史学家、哲学家，有时也被认为是政治家。他在哲学、历史学、历史学方法论、美学领域著作颇多，他也是一位杰出的自由主义者。

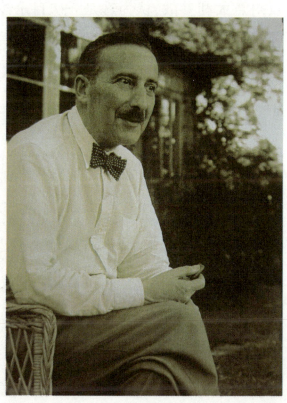

他最有成就的哲学观点写在四本书中：《美学原理》《逻辑学》《历史学的理论和实际》及《实践活动的哲学》，他的总著作量超过80本。

克罗齐生于意大利

克罗齐

阿布鲁佐区的佩斯卡塞罗利。他出生于富贵望族，从小受到严格的天主教式的教育。大约十六岁时，他放弃天主教信仰，形成了一种个人的精神生活观。在他的观点中，宗教只是一种历史的习俗，人们可以在其中释放创造性的力量。直至逝世，他都保持着这个观点。1883 年，他在伊斯基亚的卡萨米乔拉和家人欢度假期时，一场地震来袭，震塌了房屋。他的父母，以及唯一的姐姐死亡。而他被埋在里面很久，差点死掉。此次事故之后，他在哲学上投入大量精力，像一个独立知识分子在那不勒斯的住宅中写作。随着他名气日增，许多人希望他从政，虽然他不愿，但他还是被任命为公共教育部部长，并在这个位置上待了一年。1910 年，他迁任意大利参议院议员，这是一个终身职位。他在一战期间公开反对意大利参战，认为这是一次自杀性的贸易战争。虽然最初这使得他名誉受损，但战后他不仅恢复了名誉，而且愈发受到公众喜爱。在 1923 年，他也帮助维托里奥·埃马努埃莱国立图书

意大利风光

馆搬迁至皇宫。

贝尼托·墨索里尼窃取国家政权之后，克罗齐被从教育部长的职位上罢免，接任此职务的是乔瓦尼·秦梯利。克罗齐和秦梯利曾在之前反对实证主义的哲学论辩上多有合作。虽然他起初支持墨索里尼的法西斯政府，但他后来公开反对国家法西斯党，他也因此疏远了自己以往的哲学伙伴秦梯利。

克罗齐的生活受到了墨索里尼政府的严重威胁，他的住宅和图书馆遭到法西斯军警的抄查。他得以保持自由身，还是因为他的身份地位，但他被严密监视，他的学术成果也被政府掩盖，以至于没有一家主流报纸或者学术出版物提到过他。1944年，民主恢复，克罗齐又被任命为新政府的部长。不久后他离开政府，不过仍任自由党的主席直至 1947 年。

没有"一劳永逸的蓝图"

克罗齐非常尊重乔巴蒂斯塔·维科，也赞同他在历史学上的观点：历史应该由哲学家来写。克罗齐的历史论让这个观点更进一步将历史看成"运动中的哲学"，他认为在历史学中没有什么"一劳永逸的蓝图"，或者终极计划，而且"历史科学"的说法就是一个笑话。

克罗齐的许多基本观念直接脱胎于威廉·狄尔泰，克罗齐明确地说："历史主义就是要肯定生活与实在，就是仅是历史。"正是这种极端的形而上学的唯心主义一元论的立场构成了克罗齐的历史主义最为鲜明的特征。真正的思想既是哲学又是历史，思想的概念必须具有普遍性和具体性，使历史学完全垄断了全部知识的领域，正如实证主义要使由自然科学的方法所获取的知识垄断全部知识领域一样，个体性、个别性或个性化的

原则是历史主义思想传统的一个根本原则。正确的观点应该是每一个行动、每一个时代的价值,不仅要与它自身,而且也要与别的行动和时代联系起来进行考察。就此而论,它们既是自足的,又是以后行动和时代的垫脚石。可以说,克罗齐是在哲学上既肯定了个体性又肯定了历史的发展与变化。

克罗齐的历史观

克罗齐的名言是"一切历史都是当代史",当然这句话也常常引起误解。

从认识论的角度可以认为,历史正是以当前的现实生活作为其参照系的,这意味着,过去只有和当前的视域相重合的时候,才为人所理解。一个在自己现实生活中完全不懂得爱情魅力为何的俗物,大概不能理解克里奥佩特拉的眼泪如何使得一个王朝覆灭。他们最多只知道有如此这般的事情,但是不能领会它们。故此可以说,一个对中国民法典的体系毫无热情的人,就不能真正懂得希腊化的罗马法学在形式理性上的成就。

从本体论来看,其含义是说,不仅我们的思想是当前的,我们所谓的历史也只存在于我们的当前;没有当前的生命,就没有过去的历史可言。所谓"当代",是指它构成我们当前的精神生活的一部分,历史是精神活动,而精神活动永远是当前的,绝不是死去了的过去。

对克罗齐来说,时间本身不是独立的存在,也不是事物存在的外在条件,它只是精神自身的一部分,所以我们既不能把时间,也不能把过去看成是精神以外的事物。故此又可以说,在大家看来早已消逝的古罗马的荣光,其实依然存在于精神之

中，存在于从萨维尼到每一个热爱罗马法的人的精神和著述之中。只要它还影响着我们，就存在于我们之间。

克罗齐

有人曾说克罗齐赋予一切历史以当代性的历史观是一种实用主义的历史观，这其实是对克罗齐"一切历史都是当代史"命题的歪曲。历史学中的实用主义者相信史料本身会说话，会给研究者呈现出其希望有的意义来，实用主义史学更是为了现实的需要对历史进行有意识的解说。

与此相反，克罗齐认为，史料本身并不会说话，使史料发挥作用的只能是历史学家的学识水平，历史学家的学识水平越高，越具有创造性，所揭示的历史意义就越深刻；历史学家不是被动地接受、考证和阐释史料，而是发挥巨大的主动性和创造力。所以说，克罗齐的"一切历史都是当代史"并不是实用主义史学，相反，这是其历史哲学所揭示的历史研究的特性之一。

书斋型的学者——斯宾格勒

　　奥斯瓦尔德·斯宾格勒是德国著名的历史家和历史哲学家，他生于德国哈茨山巴的布兰肯堡，曾就读于哈雷大学、慕尼黑大学和柏林大学。青年时代除研究历史和艺术之外，他还对数学和博物学有浓厚的兴趣，所有这些使他的作品具有一种独特的风格。

　　1904 年，他在哈雷大学获得博士学位，其后斯宾格勒成为一名中学教师。第一次世界大战爆发时，他因身体原因未被征召入伍。战争期间，他隐居在慕尼黑的一所贫民窟里，在烛光下完成了《西方的没落》。此书的出版给斯宾格勒来巨大声誉，许多大学带以正式、非正式的方式邀请他执掌教席，他一概拒绝。此后他一直过着一种近乎隐居的生

德国风光

德国风光

活，以历史研究和政论写作自适。1936年5月8日凌晨，斯宾格勒死于心脏病，他的妹妹们将其埋葬，未举行任何吊唁形式。

斯宾格勒一生写下大量著作，其中重要的有：《普鲁士人民和社会主义》《悲观主义》《德国青年的政治义务》《德国的重建》《人和技术》等。

《西方的没落》

1912年，在幽暗的小屋里，就着昏暗摇曳的灯光，斯宾格勒在几乎与世隔绝的状态下开始了他宏大的写作计划。

1918年，《西方的没落》带着一战的创伤与反省出现在德国的书店里，虽然有学者用"骇人听闻"来形容书中的某种论述，但依然没有影响它在世界范围的轰动。有意思的是，中国知识界首先表现出来的是拒绝的姿态，他们浓重的疑虑显然占了上风，比他们更多地从这本书可能给国人带来的负面作用方面考虑，建议以不译为好，这使《西方的没落》在中国书界一波三折：该书长时期里没有一部完整的中译本问世。

1963年，商务印书馆只翻译出版了该书的第二卷，1986年，我国台湾远流公司出版了它的缩译本。由此可见，今天上海三联书店出版全译本的不同寻常的意义。

曾经，《西方的没落》在欧洲大地的强烈反响让斯宾格勒深感困惑。面对斥之者的"历史的占卜术""恶的预言书"之类的评论，斯宾格勒以"决裂"的姿态来回应，在1922年的修订版前言里，斯宾格勒写道："对于那些只会搬弄定义而不知道命运为何物的人而言，我的书不是为他们而写的。"

斯宾格勒的著作精神

他认为马克思的社会主义不是地地道道的德国式的范畴，而是带有明显的英国唯物主义色彩的范畴。斯宾格勒所说的"德国式"，就是"普鲁士式"，他的目的是要把社会主义与普鲁士精神结合起来，以便为德国的国家主义意识形态找到法理上的依据。从比较政治学角度来说，斯宾格勒把德国式的政治观念与英国式的政治观念对照起来，认为前者偏向共同体，主张社会主义，后者则着重于个体的独立，拥护个体主义。所谓资本主义、自由主义、议会多党制等概念不过是英国的一套把戏，根本就不适用于德国。在斯宾格勒看来，德国需要的是带有社会主义倾向的权威主义和国家主义。

于是，在斯宾格勒那里，社会主义不仅与普鲁士精神是息息相通的，而且与民族主义，乃至种族主义、个体主义、国家主义、极权主义等也是完全可以共约的。从表面上看，斯宾格勒是一个书斋型的学者，足不出户，没有明确的政治关怀和具体的政治立场。但其实不然，从某种意义上看，斯宾格勒可能是青年保守派当中最具有政治倾向性的一个。他的政治观点与其说是反映在《西方的没落》里，不如说是集中体现在《普鲁士人民和社会主义》中，因为前者只是一部历史哲学著作，政治观念是潜在的，而后者则是一部政治哲学著作，不但政治概念十分鲜明，政治立场也颇为显著。

斯宾格勒在《普鲁士人民和社会主义》中分别从本体论和比较政治学的角度，阐明了对于"社会主义"及德国文化意识形态的理解。就本体论来看，他认为，所谓社会主义，就是"一种超越所有阶级利益的伟大政治经济制度在人生中实现的意志"。与马克思的社会主义概念相比较而言，斯宾格勒的社会主义概念具有人性化和内向化特征。

"近世以来最伟大的史学家"
——汤因比

　　阿诺德·汤因比出生在伦敦一个历史学世家，其父哈里·汤因比是一位医生，也是一位热心的社会工作者；其母莎拉·马歇尔是英国早期获得大学学位的女性之一，也是一位历史学家。汤因比的伯父也是一位历史学家，专门研究经济发展史。这位伯父也叫阿诺德·汤因比，汤因比的名字正是为了纪念他这位早逝的伯父而取的。在这样良好的家庭背景下，汤因比从小就热爱历史，并受到了很好的教育，曾就读温切斯特学院和牛津大学贝利奥尔学院。这些都为他在历史学上取得丰硕成果，并成为一代历史学巨匠奠定了基础。

　　汤因比是英国著名历史学家，他曾被誉为"近世以来最伟大的历史学家"。汤因比对历史有其独到的眼光，他的 12 册巨著《历史研究》讲述了世界各个主要民族的兴起与衰落，被誉为"现代学者最伟大的成就"。

对历史有独到的眼光

汤因比史学的一个卓越贡献就是对人类历史发展的客观进程进行了整体性与综合性的考察。作为"新斯宾格勒派"，汤因比的"文化形态学说"在相当大的程度上，可以视为斯宾格勒创立的文化形态理论的一种继承与发展。汤因比对文化形态的基本看法有以下几种。

（1）历史研究单位。汤因比认为："历史研究的可以自行说问题的单位既不是一个民族国家，也不是另一极端上的人类全体，而是我们称之为社会的某一群人类。"从而抛弃了传统史学中的国别史与断代史的概念，而代之以一个个文明或社会。

（2）文明的数量。汤因比认为，文明考察的视界扩大了，从斯宾格勒的八种发展到二十六种。在这些文明之间，存在某种亲属关系，即上代文明与下代文明的关系。他承认西方文明也只不过是这类文明中的一个而已，从而疏离了西方传统史学中的"西欧中

汤因比

心论”的陈说。

（3）文明的可比性。在汤因比看来，以上这些文明尽管出现时间有先有后，但都是可以进行比较的。

（4）文明起源于“挑战与应战”。汤因比分析了第一代六个文明的起源，得出了文明的产生是对一种特别困难的环境进行成功的应战的结果。

（5）文明生长的尺度。汤因比认为，并不是所有文明都是能顺利成长壮大的，事实上，有些文明消失了，有些文明则在它们生长的早期就停止了，这显然是挑战过量而致。在他看来，文明生长的尺度应当是在一系列的挑战和应战的过程中，场所发生了转移，即从文明的外部环境移入文明的内部。在这种逐渐升华的过程中表现出来的“自决能力”，才是文明成长的标志。文明生成的过程最终归结为这个社会内“自决能力”的不断增长，而这正是由那些富有创造性的少数人所促成的。

（6）文明衰落的原因。汤因比认为，文明衰落的原因是“自决能力”的丧失。

（7）文明的解体。大一统帝国—间歇时期—大一统教会—民族大迁移。

（8）西方文明的前景。汤因比反对斯宾格勒对西方文明的发展前途所持的悲观论调，认为只要处理得当，西方文明可以避免解体的命运而且可以保持活力，继续发展。

汤因比的哲学思想

汤因比坚决反对历史学界盛行的根据国别研究历史的做法。他认为，历史研究的基本单位应该是比国家更大的文明，应

汤因比

该把历史现象放到更大的范围内加以比较和考察，这种更大的范围就是文明。文明是具有一定时间和空间联系的某一群人，可以同时包括几个同样类型的国

家。文明自身又包含政治、经济、文化三个方面，其中文化构成一个文明社会的精髓。通过概括希腊、中国和犹太等文明的主要特征，汤因比提出了一个他认为的适用于大多数文明及其演变的模式。他认为，人类各文明的存在和发展具有一般规律，犹如一个有机体，每个文明都会经历起源、成长、衰落和解体四个阶段。不过，文明的这种周期性变化并不表示文明是停滞不前的。在旧文明中生成的新生文明会比旧文明有所进步。文明兴衰的基本原因是挑战和应战。一个文明，如果能够成功地应对挑战，那么它就会诞生和成长起来；反之，如果不能成功地应对挑战，那么它就会走向衰落和解体。

文明的相互接触：汤因比认为，各个文明并不是孤立存在的，它们恰恰是相互接触的。文明的相互接触包括同时代文明在空间中的接触和不同时代文明在时间中的接触。在汤因比看来，理解和解释世界的好奇心刺激着历史学家去研究历史，这是促使历史学家发现和解释的动力。历史不是一连串的事实，历史著述也不是对这些事实的叙述。历史学家必须不断地通过分类，判断什么是真实的、有意义的。而且，在研究事实时必须抓住要点，并加以比较。

和对历史的决定论的解释不同，汤因比相信，人类可以在一定的范围内自由地选择，可以学会如何做出选择。只要学会同超越人类的现实达成和谐关系，人类的这种选择就不仅是自由的，而且是切实可行的。

实现政治与精神的统一：汤因比指出，在过去的五百年中，技术和经济高速发展，但是人类并没有在精神上和政治上取得同样的发展，而是存在诸多严重的问题。现在，人类已经有力量终结人类历史甚至全部生命。走到悬崖边的人类必须迅速觉醒、调整方向，才不至于跌落万丈深渊。

人类需要从根本上改变自己的目标、思想和行为，这是人类继续存在下去的不可或缺的条件。在汤因比看来，由于过去五百年中西方人的活动范围的扩大，形成了世界范围的技术、经济关系的网络。当代人类正共同面临着许多迫切的问题，汤因比期待并预言人类将在历史发展的下一阶段实现政治和精神上的统一。但是，他强调，这一巨大变革必须以全人类的平等为前提，以自主的方式加以实现，而不是继续以一部分人统治另一部分人的方式去实现。西方将把它过去五百年中的主导权转交给新兴国家。

汤因比十分看重中国在历史和未来的作用，对中国充满了

历史的天空

历史上著名的史学家

期待。他不仅对中国的历史和文化大加赞赏,而且很盼望并认为中国一定能够在未来对世界在政治上和精神上的统一做出主要贡献。汤因比很欣赏中国长久保持国家统一的政治与文化传统——尽管历经两千年的改朝换代,但直到现在仍然保持着政治和文化的统一。他认为在全世界找不到第二个这样"大一统"的局面。

在汤因比看来,19世纪是英国人的世纪,20世纪是美国人的世纪,而21世纪将是中国人的世纪。当然,值得强调的是,汤因比说21世纪是中国人的世纪,主要是指中国的文化尤其是儒家思想和大乘佛教引领人类走出迷误和苦难,走向和平安定的康庄大道。

汤因比被登载《时代周刊》

他认为以中华文化为主的东方文化和西方文化相结合的产物,将是人类未来最美好和永恒的新文化。像汤因比这么期待中国对世界的和平、统一和发展发挥作用的西方思想家寥寥无几。日本思想家池田大作曾问汤因比希望出生在哪个国家,汤因比说他希望出生在公元1世纪佛教已经传入的中国新疆。汤因比对中国的感情由此可见一斑。

世界体系理论创始人
——沃勒斯坦

伊曼纽尔·沃勒斯坦，1930年生，美国耶鲁大学高级研究员，曾任教于美国纽约州立大学宾厄姆顿分校社会学系。著名历史学家，社会学家，国际政治经济学家，新马克思主义的重要代表人物，世界体系理论的主要创始人。

著有《现代世界体系》《历史资本主义》《知识的不确定性》。

学术理念

沃勒斯坦是世界体系理论的创始人，他的多卷本专著《现代世界体系》集中讨论了三个主题，即世界体系的形成、运作及基本趋向。沃勒斯坦的"世界体系"论较深刻地揭示了经济全球化时代资本主义的危机，是分析当代资本主义的理论新范式。沃勒斯坦的"世界体系"论在对资本主义分析和世界体系未来展望时带有局限性和历史悲观主义色彩。

沃勒斯坦在西方学术界被称为"新马克思主义"学者,担任国际社会学协会主席等数十项学术职务。他发表的一系列论述资本主义世界体系的产生和发展演变的专著,在国际学术界产生了巨大影响。当今西方学术界,把资本主义的历史作为一个世界体系的历史来研究,已经形成一个国际性学派。沃勒斯坦就是这个学派的核心人物。

世界体系的理论

世界体系理论兴起于20世纪70年代,其标志是美国社会学家沃勒斯坦于1974年出版的《现代世界体系(第一卷):16世纪的资本主义农业和欧洲世界经济的起源》。在20世纪五、六十年代,以塔尔科特·帕森斯为

沃勒斯坦

代表的现代化理论家认为，西方发达国家所经历的道路正是不发达国家要重复的道路，即现代化就是西化、美国化。这种"西方中心论"遭到了众多学者的反对，其中"依附论"和"世界体系论"就是两种主要的回应。

与"依附论"把国家作为研究单位不同的是，"世界体系"理论将世界看作一个整体，通过对政治、经济和文明三个层次的分析，深刻揭示了"中心—半边缘—边缘"结构的发展变迁和运作机制。在经济全球化时代，非常有必要研究和借鉴"世界体系"理论，更全面地解读当代资本主义世界体系的矛盾、困境和发展趋势，同时更清晰地看到作为"反体系"力量的社会主义的前景。

耶鲁大学

历史之父——希罗多德

希罗多德,伟大的古希腊历史学家,史学名著《历史》一书的作者,西方文学的奠基人,人文主义的杰出代表。

在小亚细亚的西南海滨,有一座古老的城市叫哈利卡纳苏。公元前484年,希罗多德就出生在这里。他的家庭是名门望族,父亲是富有的奴隶主,在当地颇有威望,叔父是著名诗人。富裕的生活使希罗多德自幼受到了良好的教育。他从少年时代起,就勤奋好学,特别喜爱史诗。

大约从30岁起,希罗多德就开始了长期的漫游。他的足迹东至两河流域,南达埃及最南端,西至意大利半岛和西西里岛,北临黑海沿岸。他每到一个地方,就广泛了解乡土人情,细心考察文物古迹,多方搜集各种民间传说,努力搜求各类历史故事。长期的游历不但开阔了他的眼界,丰富了他的知识,而且对他后来写著历史有很大帮助。

公元前447年,希罗多德来到雅典。经历了希波战争的雅典,在政治、经济方面都有很大发展,学术文化更是称雄于希腊世界。他身逢盛世，并与著名政治家伯里克利、悲剧家索福克勒斯等人结下深厚的情谊。他积极参加文化活动，写了不少诗文。受了伯里克利等友人的鼓励，他决心写一部叙述希波战争的历史著作，传之后世。

公元前443年，希罗多德随同一些雅典人前往意大利，在一个海湾建立的新城——图里奥伊住下来，开始写他的历史著作。

所著《历史》一书，叙述西亚、北非及希腊诸地区之历史、地理及民族习俗、风土人情。第5卷第29章起，主要叙述波斯人和希腊人在公元前478年以前数十年间的战争。书名和分卷方法均出自希腊化时代的学者之手。该书也是一部文学作品，书中众多人物性格鲜明，语言生动，又作《希腊波斯战争史》。在古罗马时代，希罗多德就被誉为"历史之父"。

文学贡献

希罗多德对历史事件和社会现象的记叙分析有可取之处。关于希波战争，他谴责波斯远征希腊，说波斯"不应当再贪求任何其他土地，不应当再奴役那些丝毫没有招惹它的人们"。他认为波斯之所以失败，是因为它的军队组成太复杂，外加外线作战的困难。雅典之所以获胜，是因为它实行民主政治，每个人都"尽心竭力"为自由而战。希罗多德推崇希腊，称颂雅典，向往奴隶主民主政治，但并没有对波斯全部否定。他反对的只不过是波斯人入侵希腊的不义之举，反对它的君主制度。因此，有时他甚至把波斯描绘成英雄的国度，并对它的文化做了选择和歌颂。《历史》中首次提到了"在法律面前人人平等"。

《历史》记载，约公元前522年，波斯国内集中商议选择政治

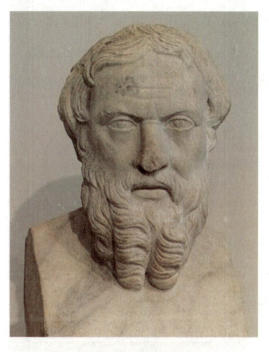
希罗多德塑像

形式时,有三派分别主张采用民主政治、贵族政治和君主政治,三种意见,各执一词,互不相让。在激烈的争论中,一个名叫欧塔涅斯的波斯人说:"人民统治的优点首先就在于它的最美好的名声,那就是,在法律面前人人平等。"希罗多德比较重视古代东方的文明和它对希腊的影响。《历史》中记载:埃及的太阳历比希腊的历法准确;希腊字母是从腓尼基人那里学来的;希腊人使用的日晷最早是由巴比伦人发明的; 等等。《历史》的文学价值很高,它常常被认为是西方第一部著名的散文作品。

个人魅力

希罗多德崇拜雅典的民主政治,对于结束的以雅典为首的希腊城邦,在希腊波斯战争中打败奴隶制大国波斯的侵略,十分钦佩,他不停地向有关的人打听战争的各方面情况,搜集了很多的历史资料。公元前 443 年春季,雅典人在意大利南部的塔林敦湾沿岸,建立了图里翁城邦,希罗多德跟随雅典移民到了那里,成了这个城邦的公民。他开始将主要精力用来写作《历史》,于公元前 425 年离开了人世。

希罗多德的《历史》在希腊史学史上是第一部堪称历史

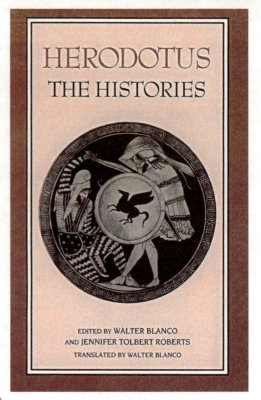

的著作。全书按内容基本上分为两大部分。前半部分叙述了黑海北岸的色雷斯人、希腊城邦及波斯帝国的历史、地理、民族和风俗习惯等，并记述了希波战争爆发的原因。后半部分，主要记述希波战争的经过和结果，从小亚细亚各希腊城邦举行反对波斯的起义，一直到公元前 478 年希腊人占领塞斯托斯城为止。

后来又有人把全书分成九卷，还根据当时的惯例，用古

希罗多所著《历史》封面

希腊神话中掌管文学和艺术的九位缪斯女神的名字，给各卷命名，所以这部书有时又被称作《缪斯书》。此书内容丰富，生动地叙述了西亚、北非及希腊等地区的地理环境、民族分布、经济生活、政治制度、历史往事、风土人情、宗教信仰、名胜古迹等，为我们展示了古代近 20 个国家和地区的民族生活图景，宛如古代社会一部小型"百科全书"。希罗多德从史诗、官府档案文献、石刻碑铭和当时多种著作中，获取了很多资料，更多的是利用他亲身游历和实地调查采访所获得的大量资料。《历史》是西方史学上的第一座丰碑，为西方历史编纂学开辟了一个新时代。

冷漠客观看历史——修昔底德

　　根据《伯罗奔尼撒战争史》中偶尔提及的有关他自己的文字内容判断：修昔底德约出生于公元前460年，其父奥罗路斯是雅典的贵族，其家族在色雷斯沿海地区拥有金矿开采权，他在雅典长大，自幼受到良好的教育。

　　他生活的时代正值雅典的极盛时期，也是古希腊文化的全盛时期。伯里克利等人的政治演说，埃斯库罗斯、欧里庇得斯、索福克利斯等人的戏剧，诡辩派的哲学，希罗多德等人的历史著作，以及"医学之父"希波克拉底所代表的"实验的""科学"精神，都对他产生了极大的影响。成年以后，他也像大多数贵族子弟一样，凭借家族的门第和个人的才干而步入仕途。

　　伯罗奔尼撒战争爆发时，他30岁左右，并可能已投身军旅。军旅生涯使他积累了一定的军事经验，因而于公元前424年被推选为雅典的"十将军"之一，率领一支由7艘战舰组成的舰队，驻扎在色雷斯附近的塔索斯岛。当斯巴达的军队围攻安菲波里斯的时候，他接到该城守将攸克利的求援后立刻率军增援，但在他到达之前城池已被攻破。当局认为他贻误战机、且有通敌之嫌，就将他革职并放逐到色雷斯。

此后的 20 年间，他虽然居住在色雷斯，但始终关注着伯罗奔尼撒战争的进展情况，随时记下具体过程。据说他经常到各地战场去进行实地考察，甚至还去过伯罗奔尼撒同盟军队的阵地和西西里岛。公元前 404 年，战争结束以后，他才获得特赦，得以重返故乡雅典。

"历史就是当代史"

在这个基础上，修昔底德提出了"历史就是当代史""历史的内容是刚刚发生过的政治事件"的著史原则，以他的《伯罗奔尼撒战争史》奠定了西方史学中政治叙事史传统的基础和基本模式，对此后西方史学 2 000 多年的发展产生了极大的影响。同时，他还根据"历史就是当代史"的原则，将较遥远的历史划归到考古学。他认为"要准确认识有关遥远的过去甚至我们这个时代以前的历史都是不可能的，因为它们在时间上距离我们太远了"，所以"应该由考古学家去研究"。

为了实现追求真实的目标，修昔底德还提醒历史学家：不要轻信传闻，要对资料进行批判和考证，还要尽量避免先入为主的偏见。他自己就进行过大量的实地考察和文字考证工作，并且明确地写道："在叙事方面，我绝不是先入为主，一拿到什么材料就写；我甚至不敢相信我自己的观察就一定可靠。我所记载的，一部分是根据我亲身的经历，一部分是根据其他目击其事的人向我提供的材料。这些材料的确凿性，总是尽可能用最严

历史上著名的史学家

格、最仔细的考证方法检验。然而即使费了心力，真情实况也还是不容易获得的：不同的目击者，对于同一件事情会有不同的说法，他们或者偏袒这一边，或者偏袒那一边，而记忆也不一定完全可靠。我这部没有奇闻轶事的史著，恐难引人入胜。但是，如果学者想得到关于过去的正确知识，借以预见未来，因为在人类历史的进程中，未来虽然不一定就是过去的重演，但同过去总是很相似的，从而判明这部书是有用的，那么我就心满意足了。我的著作不是为了迎合人们一时的兴趣，而是要成为千秋万世的瑰宝。"

他还写道："我的责任是不相信任何一个偶然的消息提供者的话，也不相信在我看来很有可能是真实的事。我列举的事件，无论是我亲自参与的，还是我从其他与此有关的人那里得到的

描绘伯罗奔尼撒战争的历史画

消息，都经过了对每一细枝末节精心备至的审核。"

修昔底德在书中提出来的这些关于"史料怀疑"和"史料批判"的原则，几乎已经达到了现代专业化的水平；与此同时，他在自己的写作过程中，也几乎完美地实践了这个原则。

修昔底德把当时希腊哲学中追求真理的精神和逻辑方法应用到了历史研究之中，强调历史研究必须坚持求实的原则、研究者必须坚持理智的和批判的态度，为后世的历史学家树立了光辉的榜样。

修昔底德用怀疑批判的眼光去看待他的前辈，对历史学家们的作品和希罗多德的著作都进行过批评。他主张历史学不应该取悦流俗，而应该以叙述真实的历史为最高目标。他认为，要使自己的叙述与历史事实相符，要使一部历史著作成为不朽的传世之作，历史学家首先必须完全抛弃历史著作之中的神话和传说的因素，这是关键所在；其次，历史学家必须尽可能地去亲身经历自己所记述的历史事件。正如他在第 5 卷中所说："我亲身经历了战争的整个过程，幸而我已成年，能充分了解这次战争的意义。为了明确地弄清这一系列重大的事件，我乃细心观察。事有凑巧，自从在安菲波里斯城下兵败，我便度过了 20 年流放的生活，得以密切地观察到交战双方的情况。而且因为自己闲着，便可以专心致志地对这些事进行深入的研究。"

开创先河

修昔底德在叙述战争过程和分析历史事件的因果关系时，很注意把经济因素放在比较重要的位置上。他考察了当时希腊的一些经济情况，记述了雅典与埃及等外邦之间的贸易情况，并

历史的天空

历史上著名的史学家

古代浮雕描绘的伯罗奔尼撒战争

特别指出了粮食贸易对雅典的重要性。在论述雅典的战时财政状况对战局的影响时,他曾强调:"如果没有充裕的财库,要想支撑一个长期的战争是不可能的。"这些都说明修昔底德已经认识

到了经济在历史发展及社会兴衰治乱中的作用。

修昔底德写作《伯罗奔尼撒战争史》的目的,是想通过叙述这场战争给希腊世界造成的影响,以及雅典等城邦在战争前后的成败兴衰的变化过程,来垂训后世。"范例历史学"这个概念,是伊索克拉底在读了修昔底德的《伯罗奔尼撒战争史》之后提出来的,是他对这部著作的概括性评价。

修昔底德不仅力求真实地记载历史,而且力图站在哲学的高度上去理解和概括历史,并把这种概括之后的历史事实传达给后人。

他自幼生活在雅典,因此对雅典的民主制度和法治精神有深切的体会。他在书中通过伯里克利那篇千古传颂的《在阵亡将

修昔底德

士国葬典礼上的演说》，对雅典民主政治的精神和原则进行了高度的概括和赞扬："……我们的政体之所以称为民主政体，就是因为我们这个政府是为了多数人，而不是为了少数人。我们的法律，在解决私人争执的时候，保证人人在法律面前一律平等、无所偏私；尽管人们的社会地位高低不同，但在选拔某人担任公职的时候，所考虑的不是他的阶级出身，而是看他有没有真才实学。任何人，只要他对国家有所贡献，绝不会因为贫穷而在政治上湮没无闻。我们在政治上享有的这种民主自由，也广泛地体现于我们的日常生活之中。"由此可见，修昔底德对雅典民主政治的理解比希罗多德更加深刻。

另外，修昔底德与希罗多德在描述雅典民主政治时的情绪和角度也是不同的。希罗多德把雅典的民主政治视为雅典之所以能在希波战争中取胜的基本原因，他对雅典民主政治的颂扬，是与他对专制统治和独裁政治的批判联系在一起的，他在描述雅典的民主政治时充满了一种自豪、昂扬的情绪。

修昔底德对雅典民主政治的颂扬，恰恰反衬出那几个为了

历史的天空

历史上著名的史学家

私利而使整个希腊民族卷入战火灾难的政客的可恶，反衬出使这种制度遭受破坏的伯罗奔尼撒战争的可悲，反衬出人们对这种美好制度遭受破坏之后的痛惜。

修昔底德的这种情绪，使得他在写作手法上也独具特色。他用简练的文笔、精确的词句，通过冷峻、朴实的具体叙述，抒发了自己那种悲天悯人的真切情感，使得整部《伯罗奔尼撒战争史》充满着浓厚的悲剧气氛，加强了作品的内在感染力量，这是他吸取了希腊悲剧发展成果的具体体现。他是想通过这种悲剧效果来强化著作内容在读者头脑中的印象，从而加强对后世的垂训作用。

在写作的过程中，修昔底德还大量借鉴了诡辩派哲学家的演说和修辞手法，以至于整部《伯罗奔尼撒战争史》约有四分之一的篇幅是演说辞。这些演说辞优美感人，与内容情节交相辉映，不仅体现了当时古希腊人高超的演说技巧和修辞水平，强化了著作的感染力，而且还包含了丰富的历史信息。因为这些演说

辞都是经过修昔底德的加工而成的。

他坦诚地向读者说明了自己在加工演说辞时所奉行

历史画描绘的伯罗奔尼撒战争场面

45

的原则:尽量争取忠实于原演讲的基本意思,并根据当时的情况推想演讲者最可能说出的话语。修昔底德在"推想"当时情况的过程中,实际上就包含着他所理解的历史过程。因此,书中的演说辞不仅是他强化著作效果的手段,而且也是他记录历史内容的方法。

为了使自己的著作更有效地发挥"垂训"作用,修昔底德在整个叙述过程中十分注意克制个人的情感,尽量做到"客观"和"公正"。书中处处充满了冷静、理智的精神,处处以平实、白描的笔法描述人事的过程及其前因后果,尽量避免做过多的个人评价和文辞性渲染。

在叙述敌我双方对同一件事情的解释时,他往往能够做到以相同的篇幅分配给双方,既不曲笔,也不随波逐流。无论是敌方对雅典的种种指责,还是雅典对敌方的指控,他都照录不误。

修昔底德不仅在叙述史实时比较成功地克服了个人的情感,做到了"冷漠无情",而且在评价史实时也能够遵守"客观"原则,按照一般的社会道德标准来判断人、事的是非善恶。无论是雅典人还是外邦人,无论是雅典的朋友还是雅典的敌人,无论是对雅典有利还是对雅典不利,修昔底德评判过的人物和事件基本上是比较公正的。

正是因为修昔底德公正地、充分地叙述了史实,又以一般原则为标准进行了评判,因而使得他的著作具有很高的信誉,几乎没有人对他的记载表示过疑义。

客观主义为原则——塔西佗

普布利乌斯·科尔奈利乌斯·塔西佗,罗马帝国执政官、雄辩家、元老院元老,也是著名的历史学家与文体家,他的最主要的著作是《历史》和《编年史》,并有著名塔西佗陷阱理论。

他出生于外省一个罗马骑士家庭,可能是意大利北部或西班牙,在有些信件中他的名字叫斯道尼乌斯·阿波利纳里斯,另一些作品中叫盖伊乌斯,但在他主要的作品中都叫作普布利乌斯。

爱憎强烈

从塔西佗的传世作品来看,其中虽然有关于日耳曼人、不列颠人、犹太人、埃及人等的记载,但是总体说来,他不像希罗多德和波里比厄那

塔西佗纪念章

样具有广阔的视野,具有"世界"的概念。他记述的中心是战争、叛乱、政变等。

另外,塔西佗也没有真正认识到人类历史发展的内容和动力。在他看来,个人的因素始终主宰着历史的发展,统治者的开明与否、军队的强大与否,始终决定着帝国的局势和命运。

他的著作意在鞭挞、揭露、发泄一个怀念共和制度的人对专制制度蓄之已久的愤怒情绪。这种著述动机和著述内容,使得塔西佗在著述过程中十分自然地流露出强烈的个人爱憎。《历史》和《编年史》这两部历史著作,就是在这种爱憎分明的对比之中展开的:书中既充满了作者对战争、内讧、陷害、背叛、贿赂等社会恶习的厌恶,同时也表现出作者对忠诚、友爱、坚贞、勇敢等崇高道德规范的赞扬。

在塔西佗的笔下,罗马帝国上层统治者的腐败和丑恶、人君大臣被服儒雅而行若狗彘的伪善面目,都遭到了无情的揭露和批判。就塔西佗揭露批判暴君专制的深刻程度而言,在西方史学史上可以说是前不见古人,后少有来者的。普希金曾把塔西佗的著作称作为"惩罚暴君们的鞭子",伏尔泰、孟德斯鸠等人都把

罗马建筑

塔西佗当作反对专制制度和暴君的楷模，因而在法国大革命时期塔西佗的著作备受推崇。

然而，如果按照塔西佗自己提出的所谓"去除爱憎之情"的客观主义治史原则，这种感情洋溢的现象是绝对不应该发生的。塔西佗却没有能够做到这一点。与他那超越情感、追求纯粹客观的理念相比，他对专制制度和专制君主的憎恶始终占据着上风。这是因为：他在专制君主的统治下所遭受的痛苦太深、太重了，以致他难以超脱情感的驱动，使得他陷入情感的波澜之中却不能自知和自拔。

在塔西佗身上所表现出来的这种认识与实践、理性与情感之间的矛盾，充分说明了人的情感所拥有的巨大力量，反映出客观主义治史原则在实践上的难度。即使历史学家本身有绝对真诚的客观中立的主观愿望，但是在具体实践过程中却总是不可避免地、或多或少地受到情感的干扰。人，毕竟是理性与情感合二而一的动物，情感不可能被理性完全排斥。尽管如此，塔西佗提出来的客观主义治史原则，仍不失为一切严肃正直的历史学家追求的理想境界。

"抽离自我，超然物外"

塔西佗在西方历史学史上第一次明确地提出了"抽离自我，超然物外"的客观主义写史原则，这是塔西佗史学成就的最高体现，也标志着西方史学在对史学本体的认识上达到了一个新的高度。

提出这种治史原则的前提，是对历史真实的执着追求。塔西佗之前的西方古典史学家，尤其是古希腊史学家，已经成功地从具体的感性实践中抽象地概括出了历史学家应当秉持的最一般原则，即"求真求实"的原则；也归纳出史学的基本目标，即真实地记载历史的经验和过去的事实。这些古典史学家很少涉及历史的理论问题，即使讨论到某些理论问题，也都集中于探讨实现"历史真实"的具体方法，特别是在有关如何处理直接史料和间接史料的问题上。他们中的有些人也发现了一些涉及史家本身的、妨碍再现真实历史的问题，但是往往只局限于从史学家个人的知识面的狭隘或者修养不足上去寻找答案，始终未能从中概括出造成史家记述失实的一般内在原因。

塔西佗生活在一个文深网密，但时张时弛的政治环境里，共和与专制、求实与实用的思想因素此消彼长的重要时期。这个时期政治制度发展的总趋势是对社会进行全面彻底的控制，实用史学随之得以迅速发展。塔西佗亲身经历了弗拉维王朝诸君主的暴政，切实感受到了思想专政的恐怖，目睹了当代罗马史学

罗马建筑

的腐败,即一味地为当朝元首唱赞歌。作为共和制度的拥护者和古典史学传统的继承者,他对专制统治和歪曲历史真实的行为表现出强烈的不满,同时他也发现:以往罗马史学中之所以存在着"失真"现象,其关键就在于史学家的主观情感,如个人的爱憎好恶及偏私之见等。因而他认为,史学家如果要想为子孙后代负责,那就应该摒弃个人情感,始终保持超然中立的客观立场。

另外还要指出的一点就是:当塔西佗开始撰写历史著作,并提出这些客观主义治史原则的时候,恰逢政治环境变得相对宽松的时期。用他自己的话说,那就是"我们在这一时期里可以按照愿望去想,按照心里想的去说了"。因此,这种外界环境也使得他有可能对以往的史学经验和教训进行反思和总结。

塔西佗的客观主义治史原则,在其《历史》和《编年史》的前言中,几乎是以完全相同的方式提出来的。他在《历史》的一开头就直截了当地指出了以往的帝国时期的史学中所存在的弊端:当专制统治确立之后,史学家在治史过程中应有的坦率与真诚不见了,真正的历史学家消失了。而造成这种结果的原因首先就在于"人们似乎认为政治与自己无关而对政治一无所知。其次是因为他们热衷于献媚逢迎,或者因为他们愤恨自己的主人。由于他们在对这批人奴颜婢膝和对那批人切齿憎恨之间摇摆不定,后代子孙便被弃之不顾了……"

随后他就自我表白道:"就我本人而言,我并不熟悉加尔巴、奥托、维泰利乌斯,他们均为帝国早期四帝内乱期的元首,与他们毫无恩怨可言。我不否认我的政治生涯系因韦伯芗而开始,后来得到提图斯的提携,图密善又帮了我的忙。但是,凡自称始终不渝坚持真理的人，在写任何人时都必须去除爱憎之情。"

在《编年史》一开头，塔西佗同样先指出了以往各种帝国

塔西佗

史著作的缺陷，然后便立誓要为后世留下一部真实可信的历史著作，填补真正的帝国史的空白。他写道："我的计划是无忿无偏、以十分超然的态度，先叙述奥古斯都统治的末期，然后写到元首提比略及其继任者的时代。"他还说："我下笔的时候，既不心怀愤懑，也不意存偏袒，因为事实上我没有任何理由要受这些情绪的影响。"

正是因为塔西佗从一开始就有了上述"既不心怀愤懑，也不意存偏袒，超然物外，摒弃所有那一类的不良动机"的自觉意识，所以他在著述实践中力求做到秉笔直书，因而他的著作的史料价值都比较高。《历史》和《编年史》是研究罗马帝国初期历史直接的原始资料，《阿格里巴传》中保存了许多关于不列颠早期历史的珍贵史料，《日耳曼尼亚志》则是研究早期日耳曼人历史主要的史料。

读万卷书行万里路——普鲁塔克

普鲁塔克,罗马帝国时代的希腊作家,以《比较列传》(又称《希腊罗马名人传》或《希腊罗马英豪列传》)一书闻名后世。他的作品在文艺复兴时期大受欢迎,蒙田对他推崇备至,莎士比亚不少剧作取材于他的记载。

普鲁塔克所生活的时代,正值罗马帝国的鼎盛时期。当时,地中海周围的不同民族、不同文化之间的交流和融合日趋强化,特别是占主导地位的希腊文化和罗马文化彼此影响、相互结合,逐渐形成了希腊—罗马文化,迎来了欧洲古典文化的又一个高峰。普鲁塔克的学术成就代表并反映了这种文化融合的趋势和现状。

普鲁塔克撰写的《传记集》又被称为《希腊·罗马名人合传》,就是他身上所反映出来的这种文化融合趋势的集中体现。此书显然是想强调一个历史事实,即希腊和罗马都曾有过辉煌的历史、都产生过同样杰出的历史人物、都是了不起的民族。

正是出于这种考虑,普鲁塔克在著作的结构安排上也是独树一帜、寓意深刻的。在《传记集》中，除 4 篇是单独的一人一传之外，其余的 46 篇都是以类相从，组合成了 23 对合传。他从希腊和罗马历史上的古代伟人中，各挑选出一个他认为命运和气质相类似的人物，以对照比较的形式分别为他们立传，最后再加上一篇类似短评的文章，构成一部合传的全部内容。

作为一个希腊人，普鲁塔克撰写的希腊名人传都是很成功的；相比之下，罗马名人的传记却写得不尽如人意。尽管他在罗马生活过相当长的时间，但是他对罗马的历史、制度和习俗仍然比较陌生，再加上他不能熟练地阅读拉丁文的文献，以至于影响了他的发挥。

重视理论道德

普鲁塔克出身于希腊中部波奥提亚地区喀罗尼亚城一个有文化教养的家庭，其父亚里斯托布鲁斯是一位传记作家和哲学家。他幼承庭训，养成了对知识的爱好。青年时期游学雅典，曾受业于名师阿谟尼乌斯，受过数学、哲学、修辞学、历史学及医学等方面的训练。他还曾遍游希腊各地，到过爱琴海诸岛，访问过埃

历史画中记录的罗马帝国

及、小亚细亚、意大利。所到之处，他都极为留心搜集当地的历史资料和口碑传说，从而成为一名饱学之士。后来，他来到罗马讲学，研究罗马的历史，同时结识了许多名人。

他一生经历了罗马帝国前期的三个王朝——尤利乌斯·克劳狄王朝、弗拉维王朝和安敦尼王朝。据说，他曾经为帝国的两个皇帝——图拉真和哈德良——讲过课，并博得了他们的赏识。图拉真曾授予他执政官的高位，后来哈德良又提拔他担任希腊财政督察。

他一生中的大部分时间是在喀罗尼亚度过的。在故乡，他一面著书立说、开门授徒，一面担任当地的行政长官，参与政治活动。据说他在家乡还开办过一所学校，所授课程以哲学和伦理学为主。晚年他又出任希腊圣地——德尔斐阿波罗神庙的终身祭司。

在他儿子拉姆普里亚斯为他编订的著作目录里，列举了他227篇著作的书名。这本目录里列举出来的大部分著作已经散失，仅存83篇。在流传下来的作品中，除这83篇之外，还有后来发现的，且未被目录收进去的作品18篇，以及仅存残篇的作品15篇。后人把他现存的这些作品分编成两本集子：《道德论集》和《传记集》。《道德论集》包括60多篇论文和语录，广泛地探讨了伦理、宗教、哲学、科学、政治、文学等方面的问题，是了解普鲁塔克的生平和思想的重要文献。准确地说，他主要不是一位历史学家，而是一位道德学家。然而，广为流传并使他久负盛名的却是那本包括50篇传记的《传记集》，而不是《道德论集》。

思想的重要文献

普鲁塔克的哲学观点也是他所处时代的典型的折中物。他

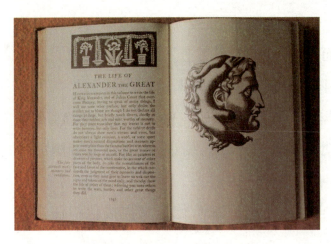

普鲁塔克所著《亚历山大传》

兼取柏拉图、亚里士多德、斯多噶及毕达哥拉斯等各派之说，尤其重视伦理道德问题。

普鲁塔克认为：人生应当以道德为准绳，应当受理性的制约，要中庸克己、符合人道、不慕荣华、不图虚誉。他为希腊和罗马的古代名人立传，主要不是写历史，而是为了通过对传主进行伦理上的评价，以此来阐发自己的伦理思想，最终目的还是垂训世人。在《亚历山大传》的序言中，他明确地写道："我所写的，不是历史的书，而是一部传记。在许多著名的事迹里，并不一定能够看出这些英雄、伟人道德或不道德的一面，而一些小小的行动及言语，常常比造成数万人死亡的战争，或大规模的布阵，或对城市的攻防，更能显示出一个人的性格。我把大事迹或战争的部分让给他人去写，我只写人物心理方面的特征，用这种方法来叙述或描写每个英雄或伟人的传记。"

同这种写作宗旨相一致，普鲁塔克在写作过程中采用了夹叙夹议的笔法，常常从一个事件的叙述中引申出他的伦理思想。譬如在《梭伦传》中，他叙述完梭伦访问米利都的泰勒斯，并得知泰勒斯不关心娶妻生子的原因是害怕承受失去亲人的痛苦一事后，发表了很长的一段议论："如果由于害怕失掉就不去获得必需的东西，这既不合理，也不足珍贵。因为按照这一原则，一个人就会由于害怕失掉而不可能从拥有财富、荣誉、智慧中得到满足。的确，即德行这种世界上最宝贵、最可爱的财产，也每每会被疾病和药物所夺。泰勒斯本人虽然没有结婚，也还是不能完全摆脱忧虑，除非他不要朋友、不要亲戚、不要祖国。当一个人没有受过理性的锻炼，不能忍受命运袭击的时候，使他受到无穷痛苦和恐惧的，并不是仁爱，而是脆弱。这种人即使得到了他所渴求的东西，也不会享受到快乐；他会经常满怀忧惧和挣扎，生怕将来失掉。无论如何，我们决不可用贫穷来防止丧失财产，用离群索居来防止失掉朋友，用不育子嗣来防止死掉儿女，应该以理性来对付一切不幸。"

像这样的道德论述，几乎在每一篇传记中都可以看到。

古罗马遗迹

著作态度严谨——爱德华·吉本

　　爱德华·吉本是近代英国杰出的历史学家，影响深远的史学名著《罗马帝国衰亡史》一书的作者，18世纪欧洲启蒙时代史学的卓越代表。

　　1737年4月27日，吉本出生于伦敦附近的普特尼镇一个富有家庭，据他追记，其家族在14世纪时开始拥有土地。到16世纪后期，其远祖已获得缙绅的称号。他后来在回忆录中颇以其出身门第而自豪："我出生于一个自由而文明的国家，一个科学和哲学的时代，一个门第荣耀、家资富有的家庭。"他的父亲是国会议员，母亲共生了7个孩子，吉本为长，也是唯一的幸运者，其他几个早就夭折了，但他的童年时代也是不幸的，自幼病魔缠身，几乎接近死亡的边缘。多病的身体，加上母亲的早逝、父亲的严厉，使他从小就磨砺了顽强不屈的意志，形成了沉默内向的性格，他由姑母抚养，年少时多病，喜欢读书，在《我的作品和生活回忆录》中提到自己早就发现历史是自己"特有的粮食"。

　　吉本最初所受到的教育多是不正规的，1749年，他到西敏寺学校上学。后因身体不好，不得不中途辍学。通过刻苦自学与独立思考，此时他已掌握了日后成为一个伟大史学家所应具备的许多方面的知识。这种学习特点，贯穿在他一生之中。从 1752 年起，他的健康状况好转。第二年 4 月，他父亲把他送到牛津大学莫德林学院就学，当时只有 15 岁。他对世界历史怀有很浓的兴趣，从古代到近代，几乎尽读所能得到的关于阿拉伯、波斯、蒙古和突厥史的英文著作，在他阅读的书单中也列入了中国史籍。

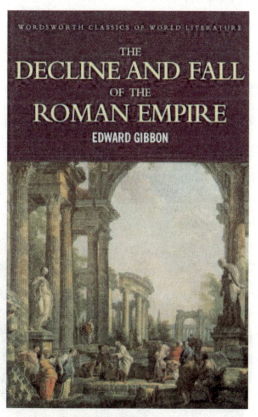

《罗马帝国衰亡史》封面

可是一段时间以后，学院生活使他失去学习兴趣。他更换了一位导师，这是一位"只记得薪俸，不记得职守"的人，对学生既不指导，也缺乏管理，虽同住一院，却只见过一面，俨然路人。

吉本深感无聊，称这段日子为修道院生活，时常离校出游，学院也不加约束。他自幼即对宗教争论感兴趣，信奉天主教的姑母对他也有所影响，学校的沉闷气息并不能为他解疑释惑。相反，他认为大学要求学生对三十九信条表示信奉之举是"装样子多于诵读，诵读多于信奉"。在彷徨苦闷之中，改信了天主教。当时他还自认是受良心驱使，但多年以后自己承认当时过于幼稚。的确，他那时才 16 岁。父亲老爱德华得知此事，既惊且痛，向校

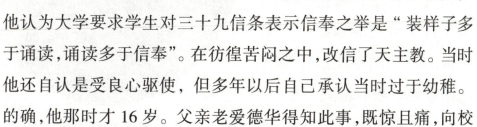

方举发。学校虽能宽容吉本的懒散，却不能容忍他的改宗，吉本从此离开了牛津大学。

"幸运的流放"

吉本的父亲为了补救，重新拟定教育计划，把儿子送到瑞士洛桑去读书。老爱德华为儿子选定的导师兼房东是一位加尔文宗牧师，名叫帕维亚尔，是位博学多识的老师。

1753 年 6 月底，吉本来到洛桑，就住在导师的家里。帕维亚尔在一封信中记下了对新来学生的印象："瘦小的身材，硕大的头颅，以超人的才能和卓越的议论，为天主教进行了前所未闻的辩护。"面对这个天资极高而又坚信天主教的学生，帕维亚尔为他制订了周密的学习计划，循循善诱，把他一步步引向学问的高峰。

在这个简朴的家庭里，缺乏莫德林学院那种讲究的宿舍和周到的服务，但却有着大量的图书和自由的学习空气。从 1753 年到 1758 年的五年时间里，吉本无论在思想方面还是学业方面都有了极大的进步，为他后来的事业打下坚实的基础。吉本取得的第一项收获是在宗教信仰方面。来到洛桑一年半后，他放弃了天主教，重新皈依新教。他

爱德华·吉本

承认帕维亚尔的教诲对于他的转变起了重要作用，但他认为最主要的还是通过自己的反思。

他逐渐认识到《圣经》所描述的许多现象并不能为人类感官所感知，于是"罗马的种种信条就像梦一样地消了"。1754年圣诞节，吉本到洛桑的教堂领受圣餐。然而这只是他的宗教观在前进中的第一步。随着吉本对哲学与自然科学的研读和他的理性主义世界观的形成，他接受了法国启蒙思想家所传播的自然神论的观点，从而掌握了在《罗马帝国衰亡史》中对基督教传统教义、信条进行批判的武器。吉本在帕维亚尔指导下主要攻读拉丁文古典名著，兼习希腊文著作。

他的课业包括四大部分：历史、诗、演说辞和哲学。他还广泛阅读近代著作，涉及数学、逻辑、政治、法律等方面，其中包括启蒙运动时期法、英思想家孟德斯鸠、约翰·洛克等人的著作。他还通过通信向巴黎、苏黎世、哥廷根等大学的教授请教。在离开瑞士之前，他还求见了慕名已久的伏尔泰。年过花甲的大思想家在洛桑别墅里接待了这个才逾弱冠的青年。在洛桑，他曾热恋过一个姑娘，但由于父亲的反对，这段爱情很快中断了，吉本说。"作为一个情人，我只能叹息；作为一个儿子，我只得服从。"此后，他终生未娶，把毕生的精力与心血全部倾注在著述活动中。1758年4月吉本离开洛桑返回英国。后来他把居留洛桑的这五年称作"幸运的流放"。

"文学处女时代的终结"

吉本返英以后，过着富裕而悠闲的生活。他不甘寂寞，以藏书和读书为遣。他曾写道："在闲暇中我亲爱的伴侣是革命以后的英国作家，他们呼吸的是理性和自由的空气。"并认为这种阅读对于自己深受法语影响的国语也能起到使之纯洁的作用。他的社会工作极少。七年战争期间，当过一段时间义务职的国民军军官。

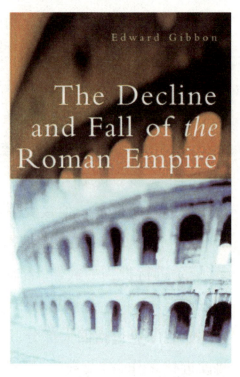

《罗马帝国衰亡史》封面

这一阶段的戎马生涯，吉本认为，对他成为一个历史学家，无疑是颇为有益的。他曾两度当选议会下院议员，当时正值北美独立战争，他的立场是维护母国利益，反对殖民地独立。一本法文传记说，他在议会八年，对重大问题都深思熟虑，但他从来不曾鼓起勇气，展示才华，在公共场合讲过话。由于得到首相腓特烈·诺斯勋爵的赏识，吉本曾在政府部门当过三年的贸易殖民专员，他本人承认，这是一个负担不重而薪俸颇厚的位置。

可以看出，吉本对于政治不抱多大兴趣，但对著书立说却有强烈的愿望。吉本开始著述生涯，首先选定的是文学领域。他留学国外时，深感处于哲学时代的法国，对于希腊和罗马文学漠视，归国后打算写一本书呼唤法人对古典的重视。1761 年书成，用法文出版，书名为《论文学研究》。这部简洁的著作，是用法文撰写的，充分显示了作者对古代史学家的了解、对罗马共和国政体与法律的关心、对孟德斯鸠著作的熟悉。尤其是后一点对其后写作《罗马帝国衰亡史》一书产生了直接的影响。这本小册子在法国、荷兰得到好评，但在该国却受到冷遇。这也标志着他"文学处女时代的终结"。

1770年，他又撰写了一本题为《评〈伊尼特〉第六卷》的小册子，批驳沃伯顿主教对维吉尔这部名著的歪曲。这是吉本用英文出版的第一本书，由于内容是针对沃伯顿这个气焰冲天的人物的，所以不曾署名。

他在书中指出古代立法者从未制造秘义，伊尼斯也从未跻身于立法者，沃伯顿的种种臆说是对诗人的伤害。一位名叫哈利的学者曾经评论说，沃伯顿对维吉尔第六卷的解释，多年来不曾受到触动，现在一位卓越但匿名的评论家在一篇公正而富于勇气的古典文学评论中"彻底推翻了这个设计拙劣的建筑物，也暴露了这个傲慢的设计师的骄横与无能"。

沃伯顿未敢应战，这本小册子渐渐无人问津。然而，从这里人们可以看到吉本敢于向教会权威挑战的勇气。吉本自幼培养起对历史的兴趣，然而他起意当历史家却是在他服役于国民军之时。他最初考虑的课题并不是罗马帝国，而是"法王查理八世远征意大利""沃尔特·雷利爵士传""瑞士解放史""美第奇家族统治下的佛罗伦萨共和国史"等许多题目，经过选择，选定了"瑞士解放史"的题目。

1767年，他同好友戴维尔登合作，用法文写出一卷，在一个文学俱乐部中宣读，未受欢迎。休谟在信中对于此书用法文撰写也不表赞同。吉本最后承认此举失败。至于撰写罗马史的设想，还应追溯于他前几年赴欧洲大陆的游历。

国际上崇高声誉
——艾瑞克·霍布斯鲍姆

艾瑞克·霍布斯鲍姆 1917 年出生于埃及亚历山大城的犹太中产家庭。父亲是移居英国的俄国犹太后裔,母亲则来自哈布斯堡王朝统治下的中欧。1919 年举家迁往维也纳,1931 年徙居柏林。

他在第一次世界大战后受创至深的德奥两国度过童年。1933 年因希特勒掌权而转赴英国,完成中学教育,并进入剑桥大学学习历史。

霍布斯鲍姆于 1936 年加入共产党,无论历史如何变迁,他始终都认为自己是一个"不悔的共产主义者"。1947 年,他成为伦敦大学伯贝克学院讲师,1959 年升任高级讲师,1978 年成为该校经济及社会史荣誉教授。1982 年退休后任纽约社会研究新学院政治及社会史荣誉教授。2012 年 10 月 1 日,病逝于伦敦,享年 95 岁。

霍布斯鲍姆是享誉国际,备受推崇的近代史大师。是世界知名的英国左派史家,就读剑桥大学期间,他是共产党内的活跃分子，与威廉士、汤普森等马克思派学生交往甚密；在1952年麦卡锡白色恐怖气焰正盛之时，更与希尔等人创办著名的新左史学期刊《过去与现在》。马克思主义者的政治背景虽令他的教职生涯进展艰难，但却使他与国际社会有着更广泛的接触及更多的研究机会，从而建立了他在国际上的崇高声誉。

个人著作

霍布斯鲍姆著作甚丰，文笔晓畅，有多部专著问世，著作与编辑书籍约30种，其中包括最著名的三部曲《革命的年代》《资本的年代》《帝国的年代》，另有《盗匪》《民族与民族主义》《原始的叛乱》《爵士风情》等书，已有10多种汉译本。

2010年霍布斯鲍姆以93岁高龄出版的新书《怎样改变世界：马克思与马克思主义的故事》在西方引起不小反响。他在接受英国《卫报》的相关访谈中指出："工人阶级仍然有可能成为更广阔的社会变动的骨干力量。在左翼方面，一个很好的例子就是巴西，它拥有一个19世纪后期式的劳工党，其建立在工会、工人、广大穷人、知识分子、思想家及各种左翼的联盟的基础上，从而产生了一个不同寻常的统治同盟。你不能说它不成功，在执政8年之后，即将离任的总统仍有高达80%的支持率。今天，从意识形态上来说，最让我觉得自在的是拉丁美洲，因为在这里，人们仍在运

艾瑞克·霍布斯鲍姆

用着 19 世纪和 20 世纪的社会
主义、共产主义和马克思主义
的语言来谈论、实施他们的政
治主张。"

如《新左翼评论》著名编辑
佩里·安德森所言:"霍布斯鲍
姆不可多得的兼具了理性的现
实感和感性的同情心。一方面

艾瑞克·霍布斯鲍姆

是个脚踏实地的唯物主义者,提倡实力政治;另一方面又能将
波希米亚、土匪强盗和无政府主义者的生活写成优美哀怨的动
人故事。"在其逝世后,霍布斯鲍姆的家人在一份声明中说:"
霍布斯鲍姆将被人们深深怀念——不仅是他 50 岁的妻子玛琳和
他的 3 个孩子,7 个孙子及他的小曾孙,还有他不计其数遍及
世界各地的学生与读者。"可见其在全球的影响力之大。

叙述史学的魅力

霍氏的研究时期以 19 世纪为主,并延伸及 17、18 和 20 世
纪;研究的地区则从英国、欧洲,广至拉丁美洲。除专业领域外,
霍氏也经常撰写当代政治、社会评论、历史学、社会学理论,以及
艺术、文化批评等。

他在劳工运动、农民运动和世界史范畴中的研究成果,堪居
当代史家的顶尖之流,在学术界有很大影响;而其宏观通畅的写
作风格,更将叙述史学的魅力扩及大众。

中国篇

"物竞天择,适者生存"
——夏曾佑

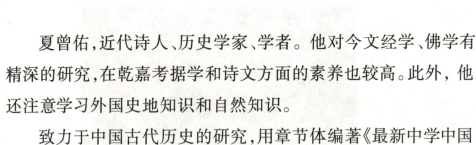

　　夏曾佑,近代诗人、历史学家、学者。他对今文经学、佛学有精深的研究,在乾嘉考据学和诗文方面的素养也较高。此外,他还注意学习外国史地知识和自然知识。

　　致力于中国古代历史的研究,用章节体编著《最新中学中国历史教科书》,重版时改名《中国古代史》,是近代中国尝试用进化论研究中国历史的第一部著作。

　　早年,夏曾佑曾与梁启超、谭嗣同交往密切,在一起研讨"新学",参加改良派维新活动。1896 年和汪康年、梁启超等人在上海创办《时务报》,宣传"变法图存"。后来,又与严复在天津创办《国闻报》,积极宣传西方资产阶级的学术文化和政治思想,宣传变法维新,对戊戌变法起了推动作用。变法失败后,《国闻报》被迫停刊,思想消沉,在政治上靠近洋务派。

　　1899 年底,夏曾佑出任安徽祁门知县,任期满后寓居上海。不久,被任直隶知州。1902 年因母丧未就任,居上海。在此期间，从事中国古代史的研究。1905年，清政府"预备立宪"，指派载泽等五大臣出洋考察，夏曾佑为随员之一。1906年赴日考察回国后，任泗州知州、两江总督署文案，曾撰文为清政府"立宪"制造舆论。辛亥革命后，任北洋政府教育部社会教育司司长，后调任北京图书馆馆长。著有《最新中学中国历史教科书》，阐述教育的作用，虽仅写

夏曾佑作品

到隋代，但书用章节体编写，突破传统的编撰方法，依据历史的进化和演变，把中国历史划分为三大时期，被人称为中国近代史学史上"第一部有名的新式通史"。此外，他对今文经学、佛学均有较深研究，也能作诗。

史学思想

在天津与严复相识后，夏曾佑曾发愿要把《天演论》"尽通其义，然后追想成书"，但终未如愿。直到晚年，他还赞扬严复"一旦出数卷，万怪始大呈"，对严复翻译《天演论》赞不绝口。所以，在教科书开篇，他便提到达尔文的《种源论》，认为该说虽"本于考察当世之生物与地层之化石"，但"条分缕析，观其会通，而得物与物相嬗之故"，认为这种学说可以破除古代的神造史观。

与当时的许多人一样，夏曾佑比较早地接受了"物竞天择，适者生存"的天演论观点。他较早地形成了历史进化论思想，并努力将这种理念运用到历史研究中去。他之所以形成这种思想，

自然与严复对其的影响分不开。

有意思的是,夏曾佑认为历史进化以思想学术为先导,其他历史因素只能尾随其后。例如《战国之变古》一节说:"古今人群进化之大例,必学说先开,而政治乃从其后。"他又认为不是所有的历史事物都进化,有些历史事物不但不进化,而且还退化。《文学源流》一节说,《说文》所载名物多至九千,而近代通行的只有两千余名,足见今不若古;"学问愈密,则所用之名愈繁"。汉代以后的中国学问是日益退化的。这个结论当然有些可笑。实际上,名词术语也有其历史性。新事物、新思想层出不穷,当旧的语言概念不足以表达时,就会有新的名词术语出现,而旧语言则归于自然淘汰,这正是学问进步的表现。

夏曾佑有时还流露出历史循环论思想。在致宋恕的信中,他说:"天道循环,往而必返。"《文帝黄老之治》分析中国历史中太平与革命相互交替的现象,实际上也是在说中国历史存在着循环公例。

与上述观念相适应的,是历史功能与历史因果的思想。夏曾佑说:"智莫大于知来。来何以能知?据往辜以为推而已矣。故史学者,人所不可无之学也。"这就是他在历史功能上的态度。

夏曾佑还认为,现实社会的发展变化无不具有历史原因。因此,找到历史原因,也就找到了现实变化的依据。换言之,今天之所以开花结果,无不缘于古人播撒的种子。这说明他肯定了历史发展连续性的不可斩断,表达了对历史与现实关系的看法。教科书《叙》说:"运会所遭,人事将变。目前所食之果,非一一于古人证其因,即无以知前途之险夷。"

夏曾佑承认客观历史规律的存在。《论中日分合之关系》一文说:"天下有自然之势,非人力所可逃,往往经数千百年之久,神光离合,起伏万端,而其终也,仍归于此天然之局。此所以哀叹于天定之不可逃也。"所谓"天定",指自然规律。历史中也存在与天定相似的规律,即"公例"。他说:"历史,有一公例。"这种公例,由因果关系构成,故《中国社会之原》又说:"天下无无因之果。"

夏曾佑最让人佩服的,还是其历史阶段性思想。我们不能不感叹,夏曾佑宏观把握历史发展脉搏和线索的能力非常强,富于历史的抽象力,这突出反映在他对历史发展阶段的划分上面。教科书《凡例》《古今世变之大概》是其高度概括中国历史之作。经过他的划分和概括,纷繁复杂的历史现象和历史发展过程眉目清晰、便于把握了。他所运用的上古、中古、近古的模式,也突破了传统中国史学完全依照王朝体系来划分历史的框架。夏曾佑能够把历史看作一个整体,试图整体地把握历史走向,这在当时,确实是一流的史识。

在对某一阶段的历史进行具体论述时,夏曾佑也常常对其进行更加细微的划分,将历史编织成一个网络。例如,《禹之政教》认为禹政乃古今一大界,《周之关系》将周人历史分为三期,《春秋制度之大概》列战国为古今大界,《致宋恕函》视先秦为一大关键,《秦之自出》以秦区别古今世界,《凉州诸将之乱》把三国

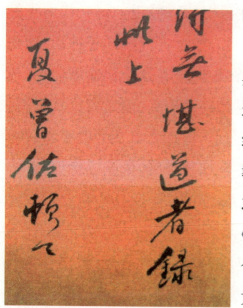

夏曾佑书法

视为时代转变的枢纽,等等。《晋南北朝隋之行政机关》则提出,古今行政的变化与宗教、政治、学术、民风的发展并不协调,应给予单独划分。《三国末社会之变迁》又根据"士"这一特殊社会群体的特点,给予另一种划定。这些全是夏曾佑著作的精粹所在。

在讲论进化史观时,今人多强调其与公羊三世说的相异。其实,这是外行的做法。在康有为、夏曾佑看来,这两个东西的基本面是一致的,不然他们又如何能把二者整合到一起呢?可见,研究历史还得从既有的事实出发。

在夏曾佑的著作中,今文经学思想非常明显。《孔子之六经》明确说"以今文学为是",《儒家与方士之分离即道教之原始》更是直截了当地说:"好学深思之士,大都皆信今文学,本编亦尊今文学者。"这在夏曾佑那里,是与进化论观念相一致的。

夏曾佑的史学思想,首先表现在关于历史对象的选择上。他并非对所有的历史对象都不分轻重缓急地予以叙录,而是按照个人的理解,有选择、有侧重。教科书《凡例》说:"每时代中于其特别之事加详,而于普通之事从略。如言古代则详于神话,周则详于学派,秦则详于政术是也。余类推。"在这个层次下面,又各有轻重缓急,例如讲周人"皆先详其兴替治乱,而后讨论其宗教、典礼、政治、文艺诸事"。那么,什么是"特别之事"呢?既要看它在历史上的实际作用,更要看它对"今日社会"的影响。例如,黄帝蚩尤之役,是我国民族竞争的发端,亦即"吾今日社会之所以建立",所以给予特别详细的叙述。

《论变法必以历史为根本》提出,地理、生计、风俗、宗教是国家政治的基础,宗教尤其重要。《战国之变古》说:"宗教之改革,此为社会进化之起源,即老、孔、墨三大宗是也。"宗教问题主要表现在两个方面：一是教和种的关系，二是宗教与外族逼处的关系。教和种的关系，他认为二者相辅相成，甲定则乙定，反之亦然。而宗教与外族逼处的关系，他认为是构成国家的根本。夏曾佑著书，即力求阐明外族逼处与宗教熏染的关系，进而上探国家成立之本。

他所谓"宗教"或"教"，含义宽泛。不仅基督教、佛教是"教"，而且儒、墨、道诸子及某些原始信仰等"关乎社会者"，都是"教"，中间夹杂着一部分学术、风俗、教育而又与种族相关的

夏曾佑

内容，他统统"每于有大变化时详述之，不随朝而举也"。可见，"教"既是"宗教"，也指"教化"。

种族问题与少数民族相关，所以，夏曾佑对历史上的少数民族非常重视，他将其视为一个重要的历史对象。教科书第二册《凡例》曾将该册纲要分为三端，其中第二端就是"关乎外国者，如匈奴、西域、西羌之类。事无大小，凡有交涉，皆举其略，所以代表"。与此相应，对边疆地理给予很大关注。对汉族和少数民族关系及边疆史地的重视，构成夏曾佑著一个鲜明的特点。

"政治"作为地理、生计、风俗、宗教结出的果实，也被夏曾佑视为一项重要的历史内容。所谓政治，主要指"关乎皇室者，如宫廷之变、群雄之战"，也包括农民的起义。他把两汉的历史归结为宦官、外戚、方士、经生四类人的起伏；对两晋南北朝，则大写贾

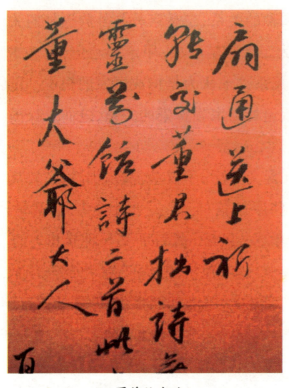

夏曾佑书法

后之乱、八王之乱、王敦之乱。对统治者的荒淫残暴，也时予揭露和抨击。例如《战国之变古》说："战国之刑，不得谓之国律，皆独夫民贼逞臆为之者也。"《秦于中国之关系》则说："夫专制者，所以为富贵，而其极，必并贫贱而不可得。嬴氏可为列朝皇室之鉴戒矣。"相对来说，夏曾佑对经济、文化、科技等则很少着墨或根本不提。例如两汉，既不讲司马迁、班固的史学，也不讲汉赋文学，更不必说张衡的科技成就了。

"诗界革命"的倡导者之一

夏曾佑是"诗界革命"的倡导者之一。1896—1897年间，他写过一些"捃扯新名词以表自异"的"新诗"，杂用佛、孔、耶三教经典语和科学名词，尝试以旧体诗的形式表现"新学"的内容，虽然幼稚，却是一种探索的努力。其诗今存 200 余首。

早年作品表现了对时局艰危的哀伤与忧虑，如《浩吾襄孙饯别海上酒楼》其十四、《哭谭复生》和《出都和青来》其二等，后者说："八百余年王会地，垂杨无语为谁春？"此后所作大多渗透着往事如梦、前途茫然的消极情绪，反映了一个时代

历史的天空

历史上著名的史学家

落伍者的心境，如《己亥除夕》其二和《箱根重晤任公》《上海赠麦孺博》等。曾佑写诗不规唐模宋，能真实地抒写自己的思想感情。

　　夏曾佑的诗，除散见于当时报刊外，还有《夏别士先生诗稿》(传抄本)，原为夏氏外甥朱义康录其遗诗所成，共100余题、200余首。《饮冰室诗话》引述的夏曾佑诸诗，与《诗稿》所收文字略有出入。梁启超所举七绝"冰期世界太清凉"，由《诗稿》得知系《杂诗》26首之一。

夏曾佑作品

百科全书式的人物——梁启超

梁启超,广东新会人,清朝光绪举人,和其师康有为一起,倡导变法维新,并称"康梁"。中国近代维新派代表人物、领袖,学者。近代中国的思想启蒙者,深度参与了中国从旧社会向现代社会变革的伟大社会活动家,民初清华大学国学院四大教授之一、著名新闻报刊活动家。他的文章富有独特的历史视角,令人深思,启蒙思想。

梁启超幼年时从师学习,八岁学为文,九岁能缀千言,17岁中举。后从师于康有为,成为资产阶级改良运动的宣传家。戊戌变法前,与康有为一起联合各省举人发动"公车上书"运动,此后先后领导北京和上海的强学会,又与黄遵宪一起办《时务报》,任长沙时务学堂的主讲,并著有《变法通议》为变法做宣传。戊戌变法失败后,与康有为一起流亡日本。他是近代文学革命运动的理论倡导者。从"戊戌变法"前一两年开始,梁启超与夏曾佑、谭嗣同等便提出"诗界革命"的口号,并试作新诗,但此时的新诗只不过是"捃扯新名词以表自异"的作品。

学术成就广泛

梁启超于学术研究涉猎广泛,在哲学、文学、史学、经学、法学、伦理学、宗教学等领域,均有建树,以史学研究成绩最显著。

梁启超一生勤奋,著述丰厚,在将近 36 年而政治活动又占去大量时间的情况下,每年平均写作达 39 万字,各种著述达 1 400 万字。

他有多种作品集行世,以 1936 年 9 月 11 日出版的《饮冰室合集》较完备。《饮冰室合集》计 148 卷,1 000 余万字。1901 至 1902 年,先后撰写了《中国史叙论》和《新史学》,批判封建史学,发动"史学革命"。

欧游归来之后,以主要精力从事文化教育和学术研究活动,研究重点为先秦诸子、清代学术、史学和佛学。指导范围为"诸子""中国佛学史""宋元明学术史""清代学术史""中国文学""中国哲学史""中国史""史学研究法""儒家哲学""东西交流史"等。这期间著有《清代学术概论》《墨子学

梁启超著作

案》《中国历史研究法》《中国近三百年学术史》《情圣杜甫》《屈原研究》《先秦政治思想史》《中国文化史》《变法通议》等。

梁启超在文学理论上引进了西方文化及文学新观念，首倡近代各种文体的革新。文学创作上也有多方面成就：散文、诗歌、小说、戏曲及翻译文学方面均有作品行世，尤以散文影响最大。

梁启超的文章风格，世称"新文体"。这种带有"策士文学"风格的"新文体"，成为五四运动以前最受欢迎、模仿者最多的文体，而且至今仍然值得学习和研究。

梁启超写于1905年的《俄罗斯革命之影响》，文章以简短急促的文字开篇，如山石崩裂，似岩浆喷涌："电灯灭，瓦斯竭，船坞停，铁矿彻，电线斫，铁道掘，军厂焚，报馆歇，匕首现，炸弹裂，君后逃，辇毂塞，警察骚，兵士集，日无光，野盈血，飞电刿目，全球挢舌，于戏，俄罗斯革命！于戏，全地球唯一之专制国遂不免于大革命！"然后，以"革命之原因""革命之动机及其方针""革命之前途""革命之影响"为题分而析之，丝丝入扣。难怪胡适说："梁先生的文章……使读者不能不跟着他走，不能不跟着他想！"

率真与诚恳

中国古代的史官为了给后代留下"信史"而不惜被杀头。梁启超毅然拒绝袁世凯的重金收买，而写出了揭露窃国大盗恢复封建帝制的《异哉所谓国体问题者》。

梁启超是康有为的学生、信徒、助手，但他们最后还是分道扬镳了；梁启超与孙中山合作过，也对立过；他拥护过袁世凯，也反对过袁世凯。对此，梁启超说："这绝不是什么意气之争，或争权夺利的问题，而是我的中心思想和一贯主张决定的。

我的中心思想是什么呢？就是爱国。我的一贯主张是什么呢？就是救国。""知我罪我，让天下后世评说，我梁启超就是这样一个人而已。"

1926 年 3 月 8 日，梁启超因尿血症入

梁启超

住协和医院。经透视发现其右肾有一点黑，诊断为瘤。手术后，经解剖发现右肾虽有一个樱桃大小的肿块，但不是恶性肿瘤，梁启超却依然尿血，且查不出病源，遂被复诊为"无理由之出血症"。

一时舆论哗然，矛头直指协和医院，嘲讽西医"拿病人当实验品，或当标本看"。这便是轰动一时的"梁启超被西医割错腰子"案。梁启超毅然在《晨报》上发表《我的病与协和医院》一文，公开为协和医院辩护，并申明："我盼望社会上，别要借我这回病为口实，生出一种反动的怪论，为中国医学前途进步之障碍。"

学术巨子——王国维

王国维,浙江海宁盐官镇人,清末秀才。我国近现代在文学、美学、史学、哲学、古文字学、考古学等各方面成就卓著的学术巨子,国学大师。

王氏家族的先世祖籍开封。《宋史》有王氏先世王圭、王光祖传,远祖王圭、王光祖、王禀、王荀四世,均战功显赫,其中王圭、王禀及王荀死于国难,王禀于靖康元年(1127年),在太原抵抗金兵,守城御敌而殉国,是一位勋绩卓著的民族英雄。

王禀之孙王沆随宋高宗南渡,袭安化王爵,赐第盐官,遂定居于此,已有八百余年的历史。到王国维的父亲王乃誉,已是宋安化郡王三十二世裔孙。海宁旧有安化王祠,始于明弘治年间,嘉靖壬子年(1552年)毁于火,后又重建,移之邑治之东,今旧祠已不存。王氏家族因名将王禀及袭封前爵、赐第盐官的王沆,在海宁受到当地人民的长期敬仰。王国维对此也深感自豪,撰有《补家谱忠壮公传》。

王国维娶莫氏,生潜明、高明、贞明。莫氏故世,继室潘氏,生

帶次郎中仁兄正　海寧王國維　儜身是眼中人　人間詞二首　上高峰窺皓月偶開天眼覷紅塵可　飛不到半山昏上方孤磬定行雲試　十里寒螢語　山寺微茫背夕曛鳥　人生贏得處千秋詩料一坏黃土　娘墓一樣紅顏委朝露算是　樓閣猶自教歌舞野花開徧真　醉後不堪何丙古月中楊柳水邊　姑蘇臺上烏啼騰霸業今如許

王国维手稿

子纪明、慈明、登明，生女东明、松明、通明（早殇）。长子王潜明于1926年早逝。

1941年，一家人为避难又飘零各地——王东明去了西安，王登明去了昆明，王松明、王贞明、王纪明和母亲则去了青岛。1941年时，王高明已经是邮政总局的副邮务长。1949年后，他到北京任改组后的邮电部任秘书处副处长。1952年，王慈明被调到第一机械部，到了1956年，又作为新政权选拔出来的第一批总工程师，被派去筹建成都量具刃具厂，从此一直待在成都。王登明留在了上海，先后担任上海医科大学教授、药剂学教研室主任。1987年9月，王东明与王贞明和王慈明、王登明终于在香港见面。此时，当年的八个兄弟姐妹，已经有四人先后去世，剩下四人的年龄加起来刚好三百岁。

1990 年中秋，在别离 42 年之后，王东明第一次踏上了"回娘家"之路。在前往清华旧居的路上，她想着以前的房子有着朱漆的大门及廊柱，还有闪着金光的门环。但在过去后看到的情况则是：房子还在，但由于长期缺乏修缮，都显得很破旧了。

结识罗振玉

1898 年，22 岁的王国维进上海《时务报》馆充书记校对。利用公余，他到罗振玉办的"东文学社"研习外交与西方近代科学，结识主持人罗振玉，并在罗振玉资助下于 1901 年赴日本留学。

1902 年王国维因病从日本归国。后又在罗振玉推荐下执教于南通、江苏师范学校，讲授哲学、心理学、伦理学等，复埋头文学研究，开始其"独学"阶段。1906 年随罗振玉入京，任清政府

王国维塑像

学部总务司行走、图书馆编译、名词馆协韵等。期间，著有《人间词话》等名著。

1911 年辛亥革命后，王国维携生平著述，随罗振玉逃居日本京都。其时，在学术上穷究于甲骨文、金文、汉简等方面。1916 年，应上海著名犹太富商哈同之聘，返沪任仓圣明智大学教授，并继续从事甲骨文、考古学研究。1922 年受聘北京大学国学门通讯导师。翌年，由蒙古贵族、大学士升允举荐，与罗振玉、杨宗羲、袁励准等应召任清逊帝溥仪"南书房行走"，食五品禄。

巨子陨落

根据溥仪在其《我的前半生》一书第四章"天津的'行在'(1924 —1930)"中之说法，王国维早年受罗振玉接济并结成儿女亲家，然而罗振玉常以此不断向王氏苛索，甚至以将王氏女儿退婚作要挟，令王国维走投无路而自杀。然此说漏洞百出，溥仪亦是听他人言传，不足采信。

1927 年，北伐军挥师北上，他听闻北伐军枪毙湖南叶德辉和湖北王葆心，6 月 2 日同朋友借了五块钱，雇人力车至北京颐和园，于园中昆明湖鱼藻轩自沉。从其遗体衣袋中寻出一封遗书，封面上书写着："送西院十八号王贞明先生收"，遗书内容如下：

五十之年，只欠一死。经此世变，义无再辱。我死后当草草棺殓，即行藁葬于清华茔地。汝等不能南归，亦可暂移城内居住。汝兄亦不必奔丧，因道路不通，渠又不曾出门故也。书籍可托陈吴二先生处理。家人自有人料理，必不至不能南归。我虽无财产分

83

王国维像

文遗汝等，然苟谨慎勤俭，亦必不至饿死也。——五月初二日父字。

溥仪事后赐王国维谥号为"忠悫"。王国维为何自溺，至今仍争论不断，一般学者论点有所谓的"殉清说""逼债说""性格悲剧说""文化衰落说"。

陈寅恪《王观堂先生挽词》的序言中写道："或问观堂先生所以死之故。应之曰：近人有东西文化之说，其区域分划之当否，固不必论，即所谓异同优劣，亦姑不具言；然而可得一假定之义焉。其义曰：凡一种文化值衰落之时，为此文化所化之人，必感苦痛，其表现此文化之程量愈宏，则其受之苦痛亦愈甚；迨既达极深之度，殆非出于自杀无以求一己之心安而义尽也。""吾中国文化之定义，具于白虎通三纲六纪之说，其意义为抽象理想最高之境，犹希腊柏拉图所谓观念者。若以君臣之纲言之，君为李煜亦期之以刘秀；以朋友之纪言之，友为郦寄亦待之以鲍叔。其所殉之道，与所成之仁，均为抽象理想之通性，而非具体之一人一事。"

望之若神仙中人——柳诒徵

　　柳诒徵,江苏镇江人。17岁考中秀才,后曾就读于三江师范学堂。卒业后曾任教于江南高等商业学堂、江南高等实业学堂、宁属师范学堂、两江师范学堂、北京明德大学,并一度主持镇江府中学堂校政。

　　1914年2月,他应聘为南京高等师范学校国文、历史教授;1925年国立东南大学发生学潮后一度离去北上,先后执教于清华大学、北京女子大学和东北大学;1927年任江苏省立国学图书馆馆长。

　　1929年重返南京,任教中央大学;并曾任南京图书馆馆长、江苏省参议员。抗战期间,先后任教于浙江大学、贵州大学和重庆中央大学,兼任国史馆纂修。中华人民共和国成立后,执教于复旦大学,任上海市文物管理委员会委员。

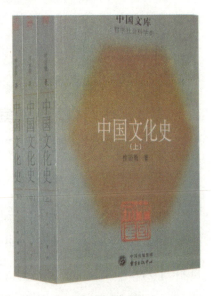

柳诒徵作品

曾主编《江苏省立国学图书馆图书总目》《江苏省立国学图书馆现存书目》。

以柳诒徵为南雍双柱之一的南京大学，是现代儒学复兴的策源地；以其为国学支柱的学衡派，成为后世新儒家的学术滥觞。

博雅宏通

柳诒徵少时失父，家境清寒，常"仅赖少许酱豆腐下饭"。但其母出身书香门第，柳诒徵自幼受母教诲，许多古代文史经典，读得烂熟，背诵如流，17岁便考中秀才；当时一位诗人曾作"次韵柳翼谋"七律一首，结句对柳诒徵有"君看一代称韩柳"之赞。此后柳诒徵又先后于金陵钟山书院、江阴南菁书院师和三江师范学堂，师从名儒缪荃孙、黄以周和李瑞清。他学习勤奋刻苦，"日常闭门自禁于斗室案头之中，咸与书籍为伍"，与当时一些纨绔子弟的奢侈懒惰恶习恰成鲜明对照。经年积累，大师培育，使他学问日臻丰厚圆熟，以至他日后写稿，竟不假思索，往往振笔

柳诒徵书法

疾书，文不加涂改，作诗也如云移流水，妙笔生花，一气呵成。从三江师范学堂毕业后，柳诒徵又得缪荃孙资助东渡日本留学一段时期，这使他对当时的世界新思潮和西方文化有也进一步的接触和了解，因而他的治学也远远突破了乾嘉学派的眼界，例如他将董仲舒的"正其义不谋其利，明其道不计其功"易称为"正其义而谋其利，明其道而计其功"。他解释说，所谓利非为个人私之利益，乃指国计民生与国利民福而言；所谓功，非贪天功之说，乃指努力创建以竟全功言，这和孙中山当时提出的"民生史观"正是共通和相合的。

南京高等师范学校时期，柳诒徵被聘为国文历史教授，并曾任史地部和历史部主任。国立东南大学时期，他主讲中国文化史和中国通史，声如洪钟，有条不紊，娓娓动听，文法理工诸科学生，不论选读与否，大都趋之若鹜，课堂总是座无虚席，挤得水泄不通。柳诒徵"对来学之士，无不因材施教，诲而不倦，且为之曲予裁成"。

著名地理学家张其昀曾谈到他在南高师受三位教师的影响最深，即刘伯明、柳诒徵和竺可桢。他当年报考南京高师时，由于体格瘦弱而被认为不符录取条件，后柳诒徵力陈其成绩优异，提请复议，因而得被录取。

在学期间，柳之教泽，使他终生受用不尽。而得益最多的：一是方志学，柳诒徵认为，各省县的志书，卷帙浩繁，比国史所记载更为详备，应该充分利用，以补国史之所不足；二是图谱学，柳诒徵曾引宋人郑樵语"古之学者，左图右书，不可偏废"，并亲创以搜求图谱和实物为职志的史地陈列室；三是史料学，柳诒徵曾引黄梨洲明儒学按语：学问之道，以自己用得着为真，强调史籍

如烟海，必须有方法加以选择，并认为章实斋在《文史通义》中所说的两种方法，"裁篇别出"和"重复互注"，是做学问必须具备的功夫。而在张其昀离校毕业时，柳诒徵在其纪念册上仅题"守约"二字，告诫他读书不宜广而宜专，并向他解释说，重要的书宜分精读与浏览两类，对精读者必须自始至终丝毫不苟，一字一句地加圈加点，虚心涵泳，融汇体察，如此方能贯通领悟；至于浏览者，仅系供参考之用，庋藏储备，随时调阅，能提要钩玄，明其大体即可。张其昀所在的一班国文系学生十多人，经他精心培植，以后在学术上都卓有成就，除张其昀外，还有缪凤林、景昌极等人，因而吴宓曾评价其为南高东大"空前而绝后"之最优秀之一班。

柳诒徵著述极丰，其力作有《中国文化史》和《国史要义》等，把史学与哲学相结合，是其治学的特色。其所著《中国文化史》分上古、中古、近世三册，一百余万字，每编分章分段，紧接于段落后必附引经史、诸子百家语，以及现代中外学人的说言

柳诒徵书法

伟论,以供读者的彻底了解。书中所记俱系前言往行,简明扼要,而尤在援古证今,以今鉴古,期能于历史典章制度因革源流,得以明其得失匡其谬误,而后折中至当,已成定论。其《国史要义》一书,分史原、史权、史统、史联、史德、史诚、史义、史术、史化十大篇。有的学者评价该书,更见精彩,美不胜收,还有的评价说,"在我国的史学名著之中即以之持与刘知几的《史通》和章实斋的《文史通义》相较,要亦可以先后比美。"

除史学上的卓越成就外,柳诒徵"诗文书法"也"俱足名家",为文不论说理、记事及其抒情,无一不精,被人推许为"直入六朝堂奥";其诗则得到吴宓"雄浑圆健,充实光辉"的评语;而书法上除楷正外,兼工行草篆隶,几无不能,尤以隶书笔法,与其师李瑞清相近。

对这位学术大师的治学成就,吴宓在《空轩诗话》中曾有一番较全面的评述,他将其与梁启超相比:近以吾国学者人师,可与梁任公联镳并驾,而其治学方法亦相类似者厥惟丹徒柳翼谋

先生。两先生皆宏通博雅,皆兼包考据、义理、辞章,以综合通贯之法治国学。皆萃其精力于中国文化,皆并识西学西理西俗西政,能为融合古今,折中中外之精言名论。皆归宿于儒学,而以论道经邦、内圣外王为立身之最后目的;皆缘行道爱国之心,而不能忘情于政治事功;皆富于热诚及刚果之勇气;皆能以浅显犀利之笔,为家喻众晓之文;皆视诗词为余事,而偶作必具精彩,此皆两先生根本大端之相同处。

曾与柳诒徵同在国立东南大学,并"素以平生风义兼师友与之相期"的吴宓教授曾称许柳诒徵说,国立东南大学之教授人才,"以柳先生博雅宏通,为第一人"。

柳诒徵在南高、东大和中央大学之时,平素给人的印象是:清癯面孔,疏落长须,平日身着长袍马褂,一尺长的旱烟杆系着黑布烟袋,始终不离手中;无时不是悠然自得,望之若神仙中人。学生见面行礼,他总是拱手作答,最为谦虚。言语幽默诙谐,一派谦谦君子风度。

抗战期间,江苏省政府迁至兴化,一天,柳诒徵有事与一随从一起入兴化城,岗哨卫兵照例盘问其居住地址,柳诒徵竟哑然无以为对,哨兵斥之离去,柳诒徵窘急之下,手指北门城内建设厅长住宅,岗哨始准随从入城通报,由建设厅厅长到北门迎接后方得进城。之后省主席等向他道歉,柳诒徵却连连夸奖哨兵训练有素,忠于职守,并自嘲说:"这是报应,我平时当老师时常给学生吃鸭蛋,此次我连吃三个鸭蛋。"说毕大笑。但"紧要关头",柳诒徵却"自然不肯马虎放过"。抗战胜利后,柳诒徵被选聘为江苏省参议员,凡关乎国计民生之事,他总是仗义执言。一次开会时,省主席及各厅长均列席被质询,当时教育厅长曾为一件事指责议员吹毛求疵，柳诒徵先生当即抗声而起，手指某厅长声色俱厉地斥责说："你是我在高等师范时的及门学生，何以这样糊涂，不明白民主精神？你须知道议员是代表人民行使神圣的任务，你们不过暂时负一时治权责任，应当小心，敬听主人翁代表的意见。没有民主修养就不配列席会议，就不配做民主国家官吏。"想不到一个"低头菩萨"竟成"怒目金刚"，教育厅长一时被训斥得面红耳赤，呆若木鸡，不知所对，而全场则掌声不已。

淡薄功名利禄

柳诒徵淡薄功名利禄。他痛恨清朝末年官场腐败和军阀窃权误国，誓不做官，以执教著述，清正自守。他早年的学生、美国《时代周刊》记者崔宗玮曾说："如果热衷于官职的话，柳

老伯的资历名望，不要说南高的文学院长，就是大学校长、教育部长，一定会有人请他担任的。"

1942 年成立"礼乐馆"，欲借重柳诒徵的德望，让教育部请柳主持，柳当即"以老弱为

柳诒徵与他的书法

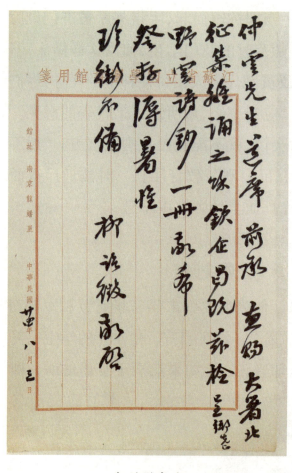

柳诒徵书法

辞"，又让柳门弟子陈训慈之兄长陈布雷出面，也被婉言谢绝。

他幼时随母居外祖家，步入社会后四海为家，债赁为居。虽然如此，他仍淡泊钱财。早年在两江师范学堂执教，当时为尊师起见，一般每月工资例由会计亲送教师，而两江师范会计却要教师自己去领。柳为维护师道尊严，数月不领，学期结束即请辞，校长李梅庵不舍，托陈善余询问原委，遂后才责正会计，得以挽留。1938年，他应竺可桢之邀到位于贵州泰和的浙江大学讲学，在课堂上讲到日寇在南京大屠杀时，义愤悲昂，突发中风昏倒在讲台。校长竺可桢延医急救，后柳又在校休养三月。离校时，竺派校车送行，并让秘书送去舟资三百元，柳诒徵以因病讲学未成，坚决不收川资、薪金。

"学而优则仕"——陈垣

　　陈垣，中国历史学家、宗教史学家、教育家。出身药商家庭，在孙中山先生领导的民主革命影响下，他和几位青年志士在广州创办了《时事画报》，以文学、图画作为武器进行反帝反清斗争。辛亥革命时期，他和康仲荦创办《震旦日报》，积极宣传反清。1912 年被选为众议院议员。后因政局混乱，潜心于治学和任教。

　　他曾任北京大学、北京师范大学、辅仁大学的教授、导师。1921 年，创建北京平民中学；1926 年至 1952 年，任辅仁大学校长；1952 年至 1971 年，任北京师范大学校长。1949 年，他还担任过京师图书馆馆长、故宫博物院图书馆馆长。1949 年后，还任中国科学院历史研究所第二所所长，历任第一、二、三届全国人民代表大会常务委员会委员。

　　陈垣主要著述有《元西域人华化考》《校勘学释例》《史讳举例》《南宋初河北新道教考》《明季滇黔佛教考》《清初僧净记》《中国佛教史籍概论》及《通鉴胡注表微》等，另有《陈垣学术论文集》行世。

陈垣少年时，他受"学而优则仕"的儒家思想影响，曾参加科举考试，未中。他曾在一段时期内信仰宗教，故从1917年开始，他发奋著述中国基督教史，于是有《元也里可温考》之作。他认为，中国基督教初为唐代的景教，以次为元代的也里可温教、明代的天主教、清以后的耶稣教。所谓"也里可温"，是元代基督教的总称。元亡，也里可温就绝迹于中国。但作为宗教史来说，它又是世界宗教史的一个组成部分。他这一著作不但引起中国文学界的注意，也受到国际学者和宗教史研究专家的重视。此后，他又先后写成专著《火祆教入中国考》《摩尼教入中国考》《回回教入中国史略》。

他用毕生致力于教育事业，从教70多年，任过46年大学校长，对广大青年学者热心传授，影响深远，造就了众多的人才。

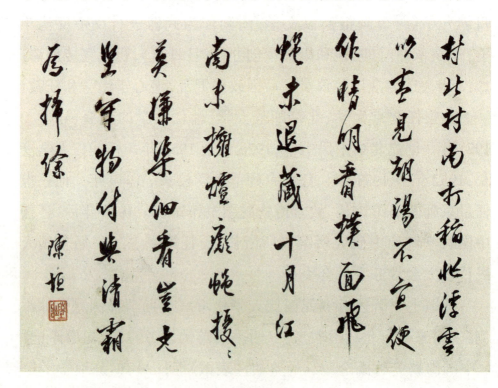

陈垣书法作品

研究多元化

在研究宗教史的同时,他还注意研究元史,从事《元典章》的校补工作,并采用了两百种以上的有关资料,写成《元西域人华化考》一文,在国内外史学界获得高度评价。

在研究《元典章》的过程中,他曾用元刻本对校沈刻本,再与其他诸本互校,查出沈刻本中伪误、衍脱、颠倒者共一万二千多条,于是分门别类,加以分析,指出致误的原因,1931年写成《元典章校补释例》一书,又名《校勘学释例》。

陈垣在元史、历史文献学、宗教史等领域皆有精深研究,给我们留下了十几种专著、百余篇论文的丰富遗产。特别是他的宗教史研究范围十分广泛,对已消亡的外来宗教,如火祆教、摩尼教、一赐乐业教做过专门研究;也就佛教、基督教、伊斯兰教等世界三大宗教在中国的兴起和流传写过不少论著;对中国本土的道教,也撰有专书。他的宗教史研究,同时也是中

青年陈垣

外文化交通史研究的重
要内容。

陈垣在研究历史
文献的时候，非常注重
研究目录校勘和工具
书的使用。

目录学是搞学问
的门径，是掌握书目、

老年陈垣

书的内容、版本及相关书目的一门学问。一个人要搞学问，必须
掌握目录学。

陈垣在年轻的时候，就熟读了《四库全书总目提要》与张之
洞的《书目答问》。《四库提要》对清朝做学问的人来说，确实做了
不少的工作，它对每本书都作了介绍，对初学者帮助很大，今天
也还要好好利用。张之洞《书目答问》写于光绪元年（1875 年），
陈垣把这两本书读得很熟、很精，而且也要学生好好去读。

陈垣曾花很长时间研究《四库提要》。他写过两本书。一是
《四库书名录》，二是《四库撰人录》。他研究《四库提要》与别
人不同，别人是要看什么书就到《四库提要》中去找，他却是研究
《四库提要》收编的书是如何写成的，它有哪些版本。

从事学习和研究中国历史，由于资料特别丰富，头绪也特别
多，单靠脑子记不行，必须依靠工具书，要学会利用工具书。陈先
生对这方面很重视，作出不少成绩。

他发表的重要工具书是《中西回史日历》和《二十史朔闰
表》。陈垣这两本工具书解决了中国史上一个极为复杂的问题，
是我们学习和研究历史所不可缺少的。

陈垣为了编写书目，花费很多精力，他后来有二十多年不能正常吃饭，就是因为当时一天到晚坐在那里废寝忘食地算历法，使他患上了胃病。

　　陈垣还著有《史讳举例》。避讳，是中国历史上的特点，每一朝有每一朝的避讳。陈垣精心研究，总结出几种方法，弄清了在什么情况下是如何避讳的。在该书第八卷中列出了我国历代的避讳表，每一朝避什么，如何避。这是每一个中国史学工作者必须具备的知识。因为中国古书上避讳太多了，不懂它，就不懂校勘学，对历史上的一些问题也就弄不清。

　　此外，他为了研究元史，还编出元朝六十家文集的目录。这书稿没有被印刷，北京图书馆藏有抄本。他在研究《册府元龟》时，一开始就先作有关《册府元龟》的工具书，然后再动手研究。

　　清朝学者研究元史的人很多。康熙年间，邵远平著《元史类编》，把元史重新改编。乾隆年间，钱大昕编撰《元史氏族表》与《元史艺文志》，对元史很有研究。鸦片战争前后，魏源编了《元史新编》。在这之后，研究元史的人更多，直到清末，柯劭忞编著《新元史》，集清代元史研究之大成。

　　陈垣先生研究元史与前人不同，他着重搜集

陈垣(右)

有关元朝民族的历史与元朝宗教的历史的资料进行研究，参考了200多种书，写成《元西域人华化考》一书。

陈垣

元朝把人分为四等：蒙古人、色目人、汉人、南人。陈垣所指的西域人主要是色目人。他研究这些人在元朝统治中国后，如何被汉族同化了的。陈垣撰《元西域人华化考》采用新的方法，集中问题，深入研究，他作为旧史学家进行考证工作，这不能不说是一大进步。

陈垣也肯定了《元史》，认为它保存了原来的材料，没有擅自改动，所以把它作为史料来看还是有用的。当然，研究元史，不能仅靠它，还要利用元朝六十家的文集。我们研究历史，不能只用史部的书，经部、子部、集部的著作都应加以利用。

陈垣著作目录年表第一部著作是《元也里可温教考》，虽然这是研究宗教的，但实际上也是一部元史著作。

日本研究元史的学者，对陈垣很钦佩，他们承认《元西域人华化考》《元也里可温教考》这两本书日本人是作不出来的。

陈垣的转变

陈垣晚年仍为培养青年、扶持后辈竭尽心力。同时笔耕不辍，继续从事研究，并主持《旧五代史》《新五代史》的点校工作。陈垣于1971年6月21日病逝于北京医院，享年91岁。家属遵照他的遗嘱，将他珍藏的4万余册图书，近2 000件文物和一生积蓄全部交公。图书及大部分文物现藏国家图书馆，281件珍贵文物现藏首都博物馆。4万元存款交北师大作党费。

"七七"事变爆发后，北京被日军侵占。他身处危境，坚决与敌斗争。在大学讲坛上，他讲顾炎武《日知录》，讲表彰民族英雄的全祖望《鲒埼亭集》，以此自励，亦以此勉励学生爱国。同时，他还利用史学研究作为武器，连续发表史学论著，抨击敌伪汉奸，显示不屈不挠的民族气节。在抗战期间，他连续写成《南宋河北新兴道教考》《明季滇黔佛教考》《清初僧诤记》《中国佛教典籍概论》等宗教史论文及《通鉴胡注表微》，都含有讽今喻世、抒志表微的用意。

中华人民共和国成立时，他已经69岁。在掌握了丰富的历史知识并曾深入研究、著作等的基础上，他很快接受了新事物。之后的10年间，先后写了20多篇短文。

1951年11月，全国政协一届三次会议后，毛泽东在怀仁堂举行宴会时，与陈垣同席。毛泽东向别人介绍说："这是陈垣，读书很多，是我们国家的国宝。"

陈垣的客厅、书房及住室内，总挂些名人字画，客厅案头或沙发前的小桌上，也总有些字画卷册或书籍。陈垣收藏书画及清代学人手稿甚富，并印有目录一册。

陈垣

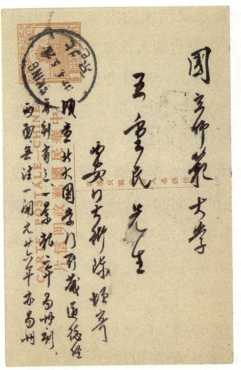

陈垣致王重民有关唐刻《道德经》之信札

　　陈垣善行书，如启功先生所言："一笔似米芾又似董其昌的小行书，永远那么匀称，绝不潦草。"陈垣写信，喜用花笺，给人写扇面，好写自己作的小条笔记、小考证。先数好扇骨行格，再算好文词字数，天衣无缝。

"清华三巨头"之一——陈寅恪

陈寅恪,江西九江市修水县客家人,1890年7月3日生于湖南长沙,1969年10月7日卒于广州，中国现代最负盛名的诗人之一、历史学家、古典文学研究家、语言学家。清华百年历史上,四大哲人之一,另外三位是叶企孙、潘光旦、梅贻琦。其父陈三立是"清末四公子"之一、著名诗人,祖父陈宝箴曾任湖南巡抚。因其身出名门,而又学识过人,在清华任教时被称作"公子的公子,教授之教授"。

人生经历

陈寅恪少时在南京家塾就读,在家庭环境的熏陶下,从小就能背诵四书五经,广泛阅读历史、哲学典籍。早年,他留学日本、欧洲、美国等国家长达13年,精通22种语言,虽了解西方文化,但从国外带回来的是东方学;回国后,曾先后任职任教于清华大学、西南联大、广西大学、燕京大学、中山大学等。

1900年,其祖父陈宝箴去世后,父亲陈三立举家迁居江苏金陵,在家中开办思益学堂,教授四书五经、数学、英文、体育、音乐、绘画等课程，先后延聘教师有国学大师王伯沆、柳翼谋、周大烈。陈家两代素来倡议新政，"思益学堂"领风气之先，采用现代化教育，陈三立与教师相约一不打学生、二不背死书，一派新式作风，深得当时两江总督张之洞赞赏。如此家学渊源下，陈寅恪自小除打好深厚的国学底子外，眼界并扩及东西洋，留学日本前便从学于友人留日者学日文。

1902 年，陈寅恪随兄衡恪东渡日本，入日本巢鸭弘文学院。1905 年因足疾辍学回国，后就读上海复旦大学。

1910 年自费留学，先后到德国柏林大学、瑞士苏黎世大学、法国巴黎高等政治学校就读。第一次世界大战爆发，即1914 年回国。

1918 年冬，他又得到江西官费的资助，再度出国游学，先在美国哈佛大学随篮曼教授学梵文和巴利文。

1921 年，他又转往德国柏林大学随路德施教授攻读东方古文字学，同时向缪勤学习中亚古文字，向黑尼士学习蒙古语，在留学期间，他勤奋学习，积蓄各方面的知识而且具备了阅读梵、巴利、波斯、突厥、西夏、英、法、德八种语言的能力，尤以梵文和巴利文特精。文字是研究史学的工具，他国学基础深厚，国史精熟，又大量吸取西方文化，故其见解多为国内外学人所推重。

1925 年，陈寅恪回国。这时，清华学校改制为大学，设立研究院国学门，由胡适建议采用导师制。其基本观念，是想用现代的科学方法整理国故。聘任当时最有名望的学者王国维、梁启超、陈寅恪、赵元任等人为导师，人称清华四大国学大师。当时的研究院主任吴宓很器重他，认为他最为学博识精。梁启超向校长曹云祥力荐其为导师，也很尊重他，谦虚地向人介绍："陈先生的

学问胜过我。"他们都曾极力向校方举荐他。1926年6月,他只有36岁,就与梁启超、王国维一同应聘为研究院的导师,并称"清华三巨头"。

他在1929年所作的王国维纪念碑铭中首先提出以"独立之精神,自由之思想"为追求的学术精神与价值取向。他当时在国学院指导研究生,并在北京大学兼课,同时对佛教典籍和边疆史进行研究、著述。在清华大学开设语文和历史、佛教研究等课程。他讲课时,或引用多种语言,佐证历史,或引诗举史,从《连昌宫词》到《琵琶行》《长恨歌》,皆信口道出,而文字出处,又无不准确,伴随而来的阐发更是精当,令人叹服!盛名之下,他朴素厚实,谦和而有自信,真诚而不伪饰,人称学者本色。

1930年,清华国学院停办,陈寅恪任清华大学历史、中文、哲学三系教授、历史语言研究所第一组组长,故宫博物院理事等职。

陈寅恪治学主张"在史中求识",继承了清代乾嘉学者治史中重证据、重事实的科学精神,又吸取西方的"历史演进法",运用这种中西结合的考证比较方法,

陈寅恪塑像

103

对一些资料追本溯源，核定确切。并在这个基础上，注意对史实的综合分析，从许多事物的联系中考证出关键所在，用以解决一系列问题，求得历史面目的真相。他这种精密考证方法，其成就超过乾隆、嘉庆时期的学者，发展了我国的历史考据学。

陈寅恪对佛经翻译、校勘、解释，以及对音韵学、蒙古源流、李唐氏族渊源、府兵制源流、中印文化交流等课题的研究，均有重要发现。在《清华学报》等刊物上发表了四五十篇很有分量的论文，是国内外学术界公认的博学而有见识的史学家。

1937 年 7 月，抗日战争爆发，日军直逼平津。陈寅恪的父亲陈三立义愤绝食，溘然长逝。治丧完毕，他随校南迁，过着颠沛流离的旅途生活。1938 年秋，西南联大迁至昆明，他随校到达昆明。

1942 年春，有人奉日方之命，专程请他到已被日军侵占的上海授课。他又一次拒命，随即出走香港，取道广州湾至桂林，先后任广西大学、中山大学教授，不久移居燕京大学任教。当时，面对民族危亡，陈寅恪感到痛心，而桂林某些御用文人，竟发起向蒋介石献九鼎的无聊活动，劝他参加，他作《癸未春日感赋》："九鼎铭辞争讼德，百年粗粝总伤贫。"以示讽刺。

这一时期，在繁忙的教学中，他仍致力于学术研究，先后出版了《隋唐制度渊源略论稿》《唐代政治史论稿》两部著作，对隋唐史提出了许多新的见解，为后人研究隋唐史开辟了新的途径。

抗战胜利后，陈寅恪再次应聘去牛津大学任教，并顺便到伦敦治疗眼睛，但由于此前在国内进行过一次不成功的手术，再经英医诊治开刀，目疾反而加剧，最后下了双目失明已成定局的诊断书。陈寅恪怀着失望的心情，辞去聘约，于 1949 年返回祖国，任教于清华园，继续从事学术研究。中华人民共和国成立前夕，他到广州，拒绝了傅斯年要他去香港的邀聘，任教于广州岭南大学。院系调整，岭南大学合并于中山大学，遂移教于中山大学。

中华人民共和国成立后，他受到党和政府的器重和无微不至的关怀，先后被选为中国科学院社会科学部委员、中国文史馆副馆长、第三届全国政协常务委员等（据《陈寅恪先生编年事辑》，仅有中国科学院院长郭沫若函请陈寅恪任科学院哲学社会科学历史研究所第二所长记载，并注明辞谢未就，荐陈垣代之），他继续任中山大学教授。

自 1956 年，陈毅、陶铸、周扬、胡乔木等中央领导人，都先后去看望过他。陶铸尊重他的学识和人品，1957 年亲自关心他的助手配备和眼疾治疗问题。1962 年，他的右腿跌骨折，又给他派

陈寅恪墓

护士轮班照顾,在广东知识界传为美谈。

1962 年,胡乔木前往看望,关心他的文集出版。他说:"盖棺有期,出版无日。"胡乔木笑答:"出版有期,盖棺尚早。"在助手的帮助下,他把《隋唐制度渊源略论稿》《唐代政治史述论稿》《元白诗笺证稿》以外的旧文,编为《寒柳堂集》《金明馆丛稿》,并写有专著《柳如是传》,最后撰《寒柳堂记梦》。他的助手黄萱曾感慨地说:"寅师以失明的

陈寅恪

晚年,不惮辛苦、经之营之,钩稽沉隐,以成此稿(即《柳如是别传》)。其坚毅之精神,真有惊天地、泣鬼神的气概。"

陈寅恪长期致力于教学和史学研究工作。他热爱祖国,治学严肃认真,实事求是,在史学研究中写出了高水平的史学著作,为人们开拓了历史的视野,对我国史学研究做出了贡献,一直受到人们的尊敬。陈寅恪不仅为大史学家,旧体诗亦卓然大家。他佩服陶杜,虽爱好李白及李义山诗,但不认为是上品。他特别喜好平民化的诗,故最推崇白居易,在他《论再生缘》中所以有"论诗我亦弹词体"之句。有《诗存》问世。

独立之精神,自由之思想

陈寅恪一生中为人们留下了大量著作,内容涉及历史、文学、宗教等多个领域,为后来人开辟了新的学术领域,更提供了新的治学方法,民国以来即广为学界所尊崇。

陈寅恪治学面广,对宗教、历史、语言、人类学、校勘学等均

有独到的研究和著述。他曾言："前人讲过的,我不讲;近人讲过的,我不讲;外国人讲过的,我不讲;我自己过去讲过的,也不讲。现在只讲未曾有人讲过的。"因此,陈寅恪的课上学生云集,甚至许多著名教授,如朱自清、冯友兰、吴宓、北大的德国汉学家钢和泰等都风雨无阻地听他的课。

陈寅恪在 1920 年倡导为人治学当有"独立之精神,自由之思想"。

在中山大学陈寅恪故居前,有一条白色的水泥小路。这是陈寅恪到岭南后,陶铸亲自嘱咐为他修建的,以方便陈寅恪在工作之余散步。这条路,就是今天中山大学里著名的"陈寅恪小道"。

陈寅恪是倔强的。眼睛看不见了,对他是一种怎样的毁灭,他没有留下任何文字,让人读到他内心的痛楚。据家人回忆,在最初的日子里,他变得非常暴躁。但很快,他便归于平静。

当他被人搀扶着回到清华园时,校长梅贻琦曾劝他休养一段时间。陈寅恪回答:"我是教书匠,不教书怎么能叫教书匠呢?我每个月薪水不少,怎么能光拿钱不干活呢?"学生回忆,陈先生说这话时,脸上虽是笑着,但让他们感受到的神情,却是严肃而坚决的。

一个盲人被聘为教授,为大学生授课,在世界上实在是绝无仅有。清华大学为陈寅恪配了三个助手来协助他的教学和研究。这三个助手都是他当年的学生。其中,汪篯是他最喜欢的一个。陈美延回忆道;"我父亲喜欢的人是有一个标准的,一定要数学好,思维逻辑要清楚。汪篯先生的数学特别好,所以他们就可以无话不谈。"

陈寅恪对助手说："人家研究理科，是分秒不差的，我的文史研究，是年、月、日不差的。"事实上，如同自然科学一样，陈寅恪的研究往往是一个精确推导的过程。而它的渊源，可以追溯到陈寅恪在游学年代所接受的追求精确性和彻底性的德国学术传统。

陈寅恪故居

　　陈寅恪是以古代书院的精神授课的，师生之间以学问道义相期。后来成为陈寅恪助手的胡守为，清晰地记得这样一堂课。那天他是唯一的学生，当他来到陈宅时，陈寅恪正在工作。在他来后，陈寅恪挪步到楼上，下楼时，竟郑重地换了一身装束——长袍。后任中山大学教授的胡守为说："这件事对我的教育很深，这就是为人师表啊！"

"大胆假设，小心求证"
——胡适

　　胡适，现代著名学者、诗人、历史学家、文学家、哲学家。因提倡文学改良而成为新文化运动的领袖之一，胡适是第一位提倡白话文、新诗的学者，致力于推翻两千多年的文言文，与陈独秀同为五四运动的轴心人物，对中国近代史产生了较为深远的影响。

　　胡适曾担任北京大学校长等职。胡适兴趣广泛，著述丰富，在文学、哲学、史学、考据学、教育学、伦理学、红学等诸多领域都有深入的研究。1939年还获得诺贝尔文学奖的提名。

　　胡适5岁启蒙，在绩溪老家上庄受过9年私塾教育，打下了一定的古文基础。早年在上海的梅溪学堂、澄衷学堂求学，初步接触了西方的思想文化，受

胡适

到梁启超、严复思想的较大影响。

年少时缺少父爱

胡适的早期成长岁月中，父亲这一角色，在实体上，是缺失的，但也不能说胡适的父亲对他性格及精神的养成没有一丝影响。从胡适出生，到胡适的父亲去世，胡适和父亲在一起生活的时日长不过一年的时间。在胡适的记忆中，关于父亲的印象是模糊的，他以后能忆起的不过是在短暂的相聚中，父亲教他识字的情形，以及父亲的死讯传回家乡时，家里的凄惨情状。

在《四十自述》中，胡适这样回忆他的父亲："我小时也很得我父亲钟爱，不满三岁时他就把教我母亲的红纸方字教我认。父亲作教师，母亲便在旁作助教。我认的是生字，她便借此温她的熟字。他太忙时，她就是代理教师。""这些方字都是我父亲亲手写的楷字，我母亲终生保存着，因为这些方块红笺上都是我们三个人的最神圣的团居生活的纪念。"这样的天伦之乐虽然极为短暂，但留给胡适和其母亲的回忆却是终生的。

1905 年，14 岁的胡适来到上海梅溪学堂求学。他不懂上海话，所以初来乍到的他就被编到了最低的一班。有一天，国文老师在讲解"传曰：二人同心，其利断金"这句古文时，随口说这是《左传》上的话。等到老师讲完后，胡适轻轻地走到老师的讲桌前，低声对他说："老师，这个'传曰'是《易经》里的《系辞传》，不是《左传》。"老师十分惊讶，把眼镜向上推了推，说："对呀，我刚才是信口说错了。"他把胡适拉到身边又一次上下打量眼前这位一身乡下打扮的学生，心里不由得暗暗惊叹。他又仔细询问了胡适读过哪些书，背了多少东西，会不会对对子，会不会写文章，胡适当即写了一篇文章。文章完成后,老师更是惊呆了。一篇文章洋洋洒洒,满纸文辞锦绣。于是,第二天他就被升到优生班去了。

后来,胡适又转入澄衷学堂求学。在上海求学期间,他逐渐接触了西方的思想文化,受到梁启超、严复思想的较大影响。在课余时间写出很多白话文章陆续发表于《竞业旬报》,不久被该报聘为编辑。15岁这年,他就发表了自己编写的白话小说《真如岛》。之后考入中国公学,两年后又转入中国新公学,并兼任英文教师。

1904年,胡适到上海进新式学校,接受《天演论》等新思潮,并开始在《竞业旬报》上发表白话文章。

1906年,他考入中国公学,1910年考取"庚子赔款"第二期官费生赴美国留学,于康奈尔大学先读农科,后改读文科。这里值得一提的是,当时庚款官费留学生只取前200名,考试两场,文章和杂科,头一场文章胡适洋洋洒洒写了一篇得了100分,第二科超低12分,如此可见他的文章造化!

1915年胡适入哥伦比亚大学研究院,师从哲学家杜威,接受了杜威的实用主义哲学。

1917年夏,胡适回国后,任北京大学教授,加入《新青年》编辑部,撰文反对封建主义,宣传个性自由、民主和科学,积极提倡"文学改良"和白话文学,成为当时新

胡适

文化运动的重要人物。

同年，胡适在《新青年》上发表《文学改良刍议》，主张以白话文代替文言文，所写的《尝试集》是中国第一部白话诗集，且提出写文章"不作无病之呻吟""须言之有物"等主张，为新文学形式作出初步设想。"五四运动"时期，与李大钊等展开"问题与主义"辩难；陪同来华讲学的杜威，任杜威的翻译逾两年；与张君劢等展开"科玄论战"，是当时"科学派"丁文江的后台。胡适因提倡文学革命而成为新文化运动的领袖之一。

从 1920 年至 1933 年，他主要从事中国古典小说的研究考证，同时也参与一些政治活动，并一度担任上海公学校长。

抗日战争胜利后，胡适于 1946 年任北京大学校长，1949 年寄居美国，致力于《水经注》的考证等工作，后来去往中国台湾。

胡适的留美机会

胡适于 1910 年 9 月踏上了赴美的旅程。为了留学，他赴京参加"庚款"留学考试。试题中有一道"对对子"题目，上联是"孙行者"，这一题可难坏了许多考生，一个个抓耳挠腮答不出，胡适却轻松应对，高高兴兴地走出了考场。批卷的时候老师看到他答的对子是"胡适之"，不禁拍案惊艳。这次考试，虽然他的理科成绩很差，但他的语文成绩却是第一名，所以顺利过关，成为一名官费留美生。

在美国留学的一次苹果分类的实习课中，胡适深刻感觉到学习农学，严重违背了个人兴趣，将来也难以适用中国农学发展。在康奈尔大学农学院必须实习各项农事，包括洗马、套车、驾车等。胡适对于洗马就颇有意见，因为中国农业生产多用牛。

胡适对这些还都有兴趣，也可应付，可是到了苹果分类时，胡适却觉得难度陡然增大。30多种苹果，对美国农家出身的学生来说，二三十分钟就可分门别类，弄得一清二楚；胡适和另外几位中国学生在实验室里忙了半天，反复揣摩、对照、品尝，填表分类的结果还是错误百出。

胡适

胡适本身即有深厚的中国哲学功底，既然发现对农学无半点兴趣，又在选修哲学时如鱼得水，则转向就很自然，也很容易。再加上当时有一个偶然的机

会，应同学之邀进行有关中国革命的演讲竟然大获成功，更使胡适发现了自己对于政治史的偏好。

胡适发现自己对于无论中国古典文学还是西方文学都有着浓厚的兴趣。这与其说是兴趣，不如说是认为自己在这方面更有天赋与功底。

胡适弃农从哲后，全面接受西方教育，并且攻读西方哲学、文学等。这是在已经有中国传统根底基础之上的学习与批判，与我们现在有的学者并无对传统文化理解，直接留学英美回国后是不可同日而语的。大江歌罢掉头东，邃密群科济世穷。后来许多的留学者，或学工程、技术、语言、政治、法律等，难以望胡先生之项背，恐怕与在中国传统文化功底上就差那么一大截有一定关系。

在学习专业知识之余，胡适将主要精力用于海量阅读。在日记中可以看到，他的阅读范围非常广泛，其中西方小说戏剧和中国传统诗词最多，日记中的记载随处可见。包括狄更斯的《双城记》，莎士比亚的《罗密欧与朱丽叶》《哈姆雷特》《李尔王》《麦克白》，大仲马的《侠隐记》，等等，中文传统诗词涉及《古诗十九首》《题王临川集》《诗经》《稼轩词》等；其次是史哲类著作，计有《左传》《荀子》，周星誉的《鸥堂日记》，格罗特的《希腊史》，柏拉图的《柏拉图的道歉》《理想国》《马太福音》，约翰·班扬的《天路历程》，达尔文的《物种起源》，等等。

从胡适阅读的书籍可以看出，他涉猎广泛，以文学、历史、哲学为主。胡适一生在文学、哲学、史学、考据学、教育学、伦理学、红学等诸多领域都有研究，和他在留学期间选择的阅读方向有密切关系。扎实广博的阅读，为其逐步形成治学思想奠定了基础。

胡适的阅读经历告诉我们，看书要有自己的观点，敢于质疑，敢于批判，不要人云亦云。

开创正史地理志的先例——班固

班固塑像

班固，东汉官吏、史学家、文学家。史学家班彪之子。除兰台令史，迁为郎，典校秘书，潜心二十余年，修成《汉书》，当世重之，迁玄武司马，撰《白虎通德论》，征匈奴为中护军，兵败受牵连，死狱中，善辞赋，有《两都赋》等。

班固自幼聪慧，九岁能诵读诗赋，十三岁时得到当时学

115

者王充的赏识，建武二十三年 (公元47年) 前后入洛阳太学，博览群书，穷究九流百家之言。建武三十年 (公元54年)，其父班彪卒，自太学返回乡里。居忧时，在班彪续补《史记》之作《后传》基础上开始编写《汉书》，至汉章帝建初中基本完成。

永平元年 (公元58年) 班固向当时辅政的东平王上书，受到东平王的重视。永平五年 (公元62年) 有人向朝廷上书告发班固"私改作国史"。皇帝下诏收捕，班固被抓，书籍也被查抄。幸得其弟班超上书申说班固著述之意，地方官也将其书稿送到朝廷。汉明帝了解情况后，很欣赏班固的才学，召他到校书部，任命他为兰台令史，掌管和校定图书。

汉明帝时，曾任兰台令史与陈宗、尹敏、孟异共同撰成《世祖本纪》，升迁为郎，负责校定秘书。又与人共同记述功臣、平林、新市、公孙述事迹，作列传、载记28篇奏上。

汉章帝时，班固职位很低，先任郎官。建初三年 (公元78年) 升为玄武司马，是守卫玄武门的郎官中的下级官吏。由于章帝喜好儒术文学，赏识班固的才能，因此多次召他入宫廷侍读。章帝出巡，其常随侍左右。奉献所作赋颂。对于朝廷大事，也常奉命发表意见，与公卿大臣讨论，曾参加论议对西域和匈奴的政策。

建初四年(公元79年)，章帝效法西汉宣帝石渠阁故事，在白虎观召集当代名儒讨论五经同异，并亲自裁决。其目的是广泛动员古文学派的力量，促进儒家思想与谶纬神学紧密结合，加强儒家思想在思想领域的统治地位。在这次会议上，班固以史官兼任记录，奉命把讨论结果整理成《白虎通德论》，又称《白虎通义》。

章帝后期，班固辞官回乡为母亲服丧。汉和帝永元元年 (公元89年)，大将军窦宪奉旨远征匈奴，班固被任为中护军随行，参预谋议。窦宪大败北单于，登上燕然山，命班固撰写了著名的《燕然山铭文》，刻石记功而还。班固与窦宪本有世交之谊，入窦宪幕府后，主持笔墨之事，关系更为亲密。永元四年（公元92年），窦宪在政治斗争中失败自杀，洛阳令对班固积有宿怨，借机罗织罪名，捕班固入狱。同年死于狱中，年61岁。此时所著书，《八表》及《天文志》均未完成。

班固著汉书未完成而卒，和帝命其妹班昭就东观藏书阁所存资料，续写固之遗作，然尚未毕便卒。同郡马续，乃昭之门人，博览古今，帝乃召其补成《七表》及《天文志》。

此外，班固也是东汉最著名的辞赋家之一，著有《两都赋》《答宾戏》《幽通赋》等。

《汉书》

洛阳求学

　　班固自幼接受儒学世家的良好教育和熏陶，加之班固聪明好学，9岁就能写文章、诵诗赋了。当时，父亲班彪已经成了远近闻名的学者，好多人都前来拜他为师或与他探讨学问，受父亲朋友辈学者的影响，班固开阔了眼界，学业大有长进。

　　后来，父亲有意续写《史记后传》，开始阅读大量汉朝典籍。在父亲的影响下，班固也开始留意汉事。这时，著名的思想家王充正值青春年华，从会稽老家来到京城洛阳游学，他景仰班彪在学术上的高深造诣，也前来拜班彪为师，虚心求教。

　　王充对于班彪的著史事业充满敬意，称赞班彪的著述可与太史公、扬雄媲美。由于他经常到老师家中请教，与年纪比他小五岁的班固逐渐熟悉起来，并对少年班固的才能和志向欣赏备至。建武二十年（公元44年）的一天，王充又来向老师请教，恰好班固也在客厅里，并对他们谈论汉事不时插上一二句颇具见识的话语，王充听后十分惊奇，不禁抚摸着班固的后背，对老师说："此儿必记汉事。"认为班固将来必定会完成撰著汉代历史的重任！

《汉书》

随着年龄的增长,班固开始不满足于儒学世家的家庭教育。为了进一步深造,班固于 16 岁时进入洛阳太学学习。在这里,他用功苦学,贯通各种经书典籍,不论儒家或其他百家学说,都能深入钻研,同时注重见识,并不拘守一师之说,不停留在字音字义、枝枝节节的注解上,而是要求贯通经籍的大义。这是他日后能够成长为一代良史的极重要条件。

在这里,班固结识了崔胭、李育、傅毅等一批同学。由于班固性格宽容随和,平易近人,不因为自己才能出众而骄傲,所以得到了同学及士林的交口称赞。到班彪去世时,班固虽然年仅 23 岁,但已具备颇高的文化修养和著述能力。

北征匈奴

班固"潜精研思"25 年,撰成《汉书》,但由于《汉书》长期未能脱稿,没有产生广泛的社会影响。班固主要是在默默无闻中生活,如果说有一些影响的话,就是曾得到皇帝和部分士人的赏识,然而也不过是做了个兰台令史、校书郎、玄武司马之类的小官。他看到那些才能不如自己的人,纷纷从政,获得晋身之阶,风光一时,真有些不甘心。

因此,班固也在等待时机,以求建功立业。在当时,建立军功是实现这一愿望的最好途径,而班氏家族向来有与边疆事务打交道的经验,于是班固也想通过在边境立功,获取功名,以便施展才能。

和帝永元元年 (公元89年),班固年届 58 岁,因遭母丧,辞官守孝在家,得知窦宪被任命为将军,率大军攻伐匈奴的消息,便决定投附窦宪,随大军去北攻匈奴。

光武帝时，窦融名列"云台二十八将"之一，成为显赫的功臣权贵之家。又历明、章二世，窦氏势力更加兴盛。班固求进心切，利用班、窦两家同乡、世交的关系，决定投附窦氏家族。但他未能觉察，这时的窦氏专横跋扈，已成了朝廷的危险势力。

章帝初年 (公元76年)，窦融的曾孙女被立为皇后，窦宪依靠身为皇后之兄的关系，很快升为虎贲中郎将，随着权力的增长，他更加不可一世，随便霸占别人的财产，无恶不作。

窦宪不但欺负一般的老百姓，甚至敢于欺负皇帝的姑母。皇帝姑母是沁水公主，在洛阳拥有一座好园田，窦宪利用权势贱价夺取过来，公主迫于他的气焰，不敢同他计较。有一天，章帝乘车出行，经过沁水公主园田，高兴地告诉窦宪这是沁水公主的园田。窦宪支支吾吾不敢正面回答。事后章帝终于发觉沁水公主园

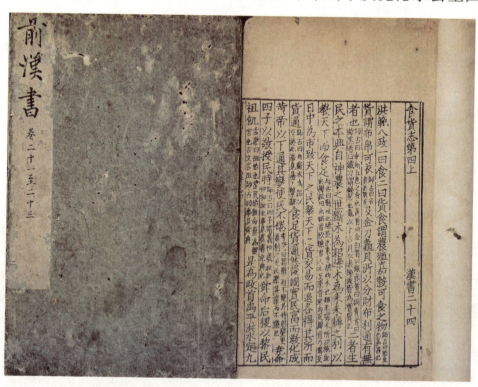

《汉书》

田被窦宪侵占，怒不可遏，召来窦宪斥责道："你的手段骇人听闻，竟敢欺负到皇姑头上来了，明明是你已经霸占了公主的园田，还学赵高的样子指鹿为马！今贵主尚见枉夺，何况小人哉！"章帝要他深思前过，痛改前非。窦宪自知闯了大祸，求窦皇后说情，最后退出公主园田，暂时了事。

公元 88 年，章帝卒，和帝即位，年仅 10 岁，窦太后临朝。窦宪成了国舅老爷，很快即被起用为侍中，控制大权。他的弟弟窦笃被任为虎贲中郎将，窦景、窦壤被任为中常侍，兄弟叔侄"皆在亲要之地"。凡窦宪本人的意旨，在外授意早有名望的旧臣写奏书，在内由他向太后陈述，"事无不从"。

窦宪专横跋扈，无视朝廷法律，随意杀人。齐殇王的儿子刘畅，因章帝丧事来朝吊问，乘机讨好了窦太后，得到一个宫内职位。

窦宪怕刘畅受宠，妨碍他专擅朝政，竟派人将他刺杀。后来，事情暴露，窦宪被关在宫内，等候治罪。这下窦宪着了慌，请求率军北征匈奴以赎死罪。当时正逢南匈奴请兵攻伐北匈奴，朝廷便拜窦宪为车骑将军，率大军出塞。窦宪北征匈奴就是出现在这样的形势下。班固不知其中内情，随军出发，任中护军，参与军中谋议。

大军从朔方三路北袭，窦宪遣各部将及匈奴左谷蠡王等，率精骑万余，在稽落山大破北匈奴军队。窦宪与副将等登上远离边塞三千余里的燕然山，由班固撰写《封燕然山铭》文，刻石记功。班固还撰有《窦将军北征颂》一文，对窦宪北征匈奴大加歌颂。窦宪班师后出镇凉州。

第二年，北匈奴单于因大败之后势力衰弱，派亲王向窦宪通

报希望觐见东汉皇帝,请求派使者前来迎接。窦宪上奏,派遣班固以中护军兼代中郎将职务,与司马梁讽一起,带领数百人骑马出居延塞迎接,正遇上南匈奴出兵打败北匈奴,班固一行到达私渠海,获知北匈奴已遁走而折回。永元三年(公元91年),窦宪派部将出兵北击,此后北匈奴向西远徙,东汉最后解除了匈奴的威胁。

在正史中专列《地理志》是从班固的《汉书·地理志》开始的。班固生活的时代是汉朝已建立了200多年之际,王朝空前统一和强盛,经济发达,版图辽阔,陆海交通发达。

地理知识的积累远非《山经》和《禹贡》时代可比,社会生活和管理对地理知识的需要也空前迫切。地理撰述不再近则凭证实,远则凭传闻,而是国家掌握的各地方当局的直接见闻,乃至相当准确的测绘和统计。记录大量实际地理资料的地理著作的出现虽是那个时代的要求,但是在正史中专列《地理志》却是班固对后世的重大贡献。

封建时代,一般的地理著作很难流传到今天,但正史中的《地理志》,在后世王朝的保护下,较易流传下来。

班固在正史中专列《地理志》的做法,被后世大部分正史及大量的地方志所遵奉。这样就为我们今天保留了丰富的地理资料,为研究中国古代地理学史及封建时代的社会、文化史提供了重要条件。班固对正史《地理志》的开创之功不可忽视。

历史的天空

历史上著名的史学家

把史书写成文学名著——范晔

范晔,字蔚宗,南朝宋史学家,官至左卫将军,太子詹事。宋文帝元嘉九年 (公元432年) ,范晔因为"左迁宣城太守,不得志,乃删众家《后汉书》为一家之作",开始撰写《后汉书》,至元嘉二十二年 (公元445年) 以谋反罪被杀止,写成了十纪,八十列传。原计划作的十志,未及完成。今本《后汉书》中的八志三十卷,是南朝梁刘昭从司马彪的《续汉书》中抽出来补进去的。其中《杨震暮夜却金》已编入小学教材,《强项令》选入中学教材。

范晔出生在一个著名的士族家庭。高祖范晷为西晋雍州

《后汉书》

刺史,加左将军。曾祖范汪入仕东晋,官至晋安北将军、徐兖二州刺史,进爵武兴县侯。祖父范宁先后出任临淮太守、豫章太守。父范泰仕晋为中书侍郎,桓玄执政时被废黜,徙居丹徒。刘裕于京口起兵灭桓玄,控制东晋政府实权后。范泰重新被启用,出任国子博士、南郡太守、御史中丞等职。他为东阳太守时,开仓供粮和发兵千人,助刘裕打败卢循有功,被加官为振武将军。从此,范泰受到刘裕的信任,屡被升迁,先后担任侍中、尚书常侍兼司空等职。宋代晋后,拜为金紫光禄大夫散骑常侍,少帝时加位特进。

范晔的家庭有着正宗的家学传统。范汪"博学多通,善谈名理",撰有《尚书大事》二十卷、《范氏家传》一卷、《祭典》三卷及属于医学棋艺的著作《范东阳方》一百零五卷、《棋九品序录》一卷等。范宁尝作《古文尚书舜典》一卷、《尚书注》十卷、《礼杂问》十卷、《文集》十六卷,尤以《春秋穀梁传集解》十二卷"其义精审,为世所重"。范泰也有《古今善言》二十四卷及文集等多种著述。受到家庭的影响,范晔从小好学,再加上天资聪慧,因此尚未成年,便以博涉经史、善写文章而负盛名。

东晋安帝义熙十年(公元414年),范晔17岁,州刺史征辟他为主簿。当时,范晔同其父范泰一样,在政治上是支持刘裕的,故不肯就职。公元420年,刘裕代晋称帝,改国号为宋。这一年,23岁的范晔应召到刘裕之子彭城王刘义恭的府下为冠军参军,后又随府转为右军参军。此后十余年,他先后担任过尚书外兵郎、荆州别驾从事史、秘书监、新蔡太守、司徒从事中郎、尚书吏部郎多种职务。

宋文帝元嘉九年(公元432年)冬,扬州刺史彭城王刘义康母亲王太妃去世。刘义康把故僚们召集到府内帮助料理丧事,范晔也到场了。刘义康的母亲死了，范晔实在悲伤不起来。在临葬前的一天夜晚，轮到他的弟弟范广渊值班，范晔兄弟俩邀了一位朋友躲在屋里喝起酒来。醉意朦胧之际，范晔忘记了利害，竟推开窗子，听挽歌助酒。这件事传出后，刘义康非常恼怒。几句谗言上去，宋文帝就把范晔打发到宣城当太守去了。

这次贬官对范晔是一次很大的刺激。仕途上的坎坷勾起了他幼年生活的某些隐痛。范晔虽然生在名门士族，但他本人却是妾生的庶子。晋代自"永嘉以来，嫡待庶如奴，妻遇妾若婢"，嫡庶之别是官僚之家不可逾越的，因而也决定了子女的社会身份。范晔的母亲把他生在厕所里，并且碰伤了他的前额，因而落下个小字为"砖"。嫡母所生的哥哥范晏嫉妒他的才学，骂他"进利"，认为他是会导致破族的祸害。父亲范泰也不喜欢范晔，早早地将他过继给从伯范弘之。屈伸荣辱与宦海浮沉，使得范晔心情十分苦闷。在宣城任上，他开始从事后汉史的编纂工作，企图以此

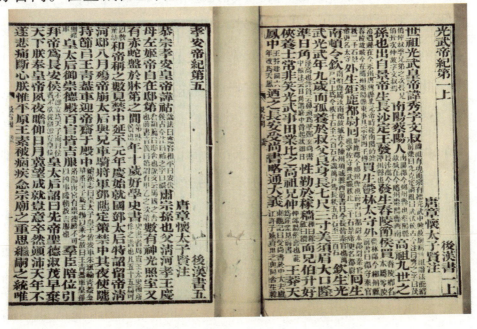

《后汉书》

排解这种痛苦。史事的研究，打开了他的眼界。

范晔后来讲："本未关史书，政恒觉其不可解耳。既造后汉，转得统绪。"就是说，原来现实中的许多不能解答的问题，在同历史的经验相对照后，他逐渐整理出了一些头绪。范晔凭着个人对历史问题的理解，写出了他的历史名作《后汉书》。这一年，他35岁。

杀身之祸

刘宋初年，地方官吏的任期仍承袭在晋时期六年一任的制度。大约在永嘉十五年（公元438年），范晔离开宣城，调任为长沙王镇军长史，并领衔为宁朔将军。

次年，范晔的嫡母在宜都去世。那时，其兄范暠在宜都担任太守。父亲去世后，嫡母一直随暠在官。按照礼教的规定，范晔应该即刻启程奔丧。但他对嫡母素无感情，故迟迟不肯上路，被迫动身后，又携带妻小自随。范晔一系列的违礼行为，遭到了御史中丞的弹劾。宋文帝比较欣赏范晔的才能，没有将他治罪。

此后，从元嘉十七年到二十一年（公元440年—444年），五年多的时间里，范晔的仕途一直比较顺利。他先后担任过始兴王后军长史，并领南下邳太守。始兴王由豫州调至建康为扬州刺史，范晔随行入京。不久，他升任为统领一部分禁军的左卫将军和职务相当于尚书令的太子詹事。

范晔具有多方面的才能，除学识渊博、善于为文外，还精通音乐，长于书法。但范晔为人傲岸不羁，不肯迎合最高统治者。他的琵琶弹得很好，并能创作新曲。宋文帝很想听听，屡次加以暗示，范晔假装糊涂，始终不肯为皇帝弹奏。在一次宴会上，宋文帝

直接向范晔请求说："我想唱一首歌，你可以伴奏吗？"话说到这份上，范晔只得奉旨弹奏。宋文帝一唱完，他便立即停止了演奏，竟不肯多弹一曲。担任朝廷要职的官吏庾炳之、何尚之、徐湛之、沈演之等人都嫉妒他的才能，不愿意范晔得到皇帝的宠信。范晔虽然不巴结皇帝，对同僚却以诚相待。当时，沈演之为右卫将军，与范晔对掌禁旅，同参机密。每次朝见皇帝时，范晔若先到，必等沈演之到来一起进去。而同僚从来对他不怀好意，想尽办法排挤、打击甚至陷害他。像沈演之，入朝向来没有等范晔的习惯。不久，范晔识破了同僚的险恶之心，写了一篇《和香方》，对他们进行讥讪。根据同僚的特点，他把他们有的比作"多忌"的麝香、"昏钝"的"枣膏"；有的比作"虚燥"的"灵藿""黏湿"的"詹唐"等，而范晔则以"沈实易和"自喻。《和香方》一出，为同僚所不容。在充满陷阱的官场上，范晔不懂得保护自己，终于引出了杀身大祸。

彭城王刘义康长期执政，威权日重，受到宋文帝的猜忌。随着时间的推移，兄弟之间

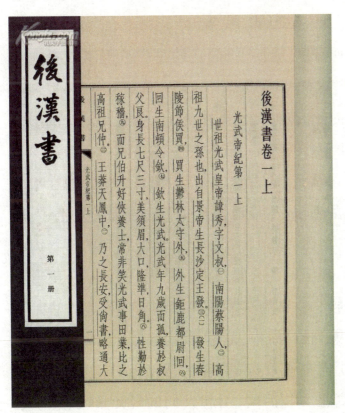

《后汉书》

127

的矛盾愈演愈烈。元嘉十七年 (公元440年) ，宋文帝以"合党连群，阴谋潜计"的罪名诛杀、流徙刘义康的亲信刘湛、刘斌等十余人，并解除了刘义康的宰辅职务，将他贬至豫章任江州刺史。刘义康到豫章后，不甘心失败，遂加紧活动准备夺权。

范晔被处决时，其子范蔼、范遥、范叔蒌同时遇害。后人中只有范蔼子范鲁连，因其母为公主之女，得以保全性命。其侄孙范缜、范云有名于齐、梁之世。范缜继承与完善了范晔的无神论的思想，范晔生前一直未能完成的无鬼论，则为范缜所著的《神灭论》——这部在中国思想发展史上划时代的唯物主义论文给填补了。

杰出成就

范晔曾讲过，他编纂《后汉书》的目的是"欲因事就卷内发论，以正一代得失"。这样明确地提出写史为政治服务，可以说是历史上的第一人。因此，范晔特别重视史论。他采用论赞的形式明文评论史事，把史论作为重心，成为《后汉书》的一个特点。

范晔还继承了司马迁"通古今之变"的编纂思想。他在很多序、论中，打破朝代的断限，尽量地把某一历史现象的发生、发展及其结果描述清楚，力图有所归纳。虽然，他所找到的事物内在联系大多是肤浅的，甚至有的是错误的。然而，这种从历史形势发展上论述古今变异，总结历史发展规律的史学研究方法是可取的。例如，在《党锢列传》序中，范晔详细地论述了从春秋到汉末士风的变迁：战国时期重计谋、尊说士，因而诱导很多人饰巧驰辩进行钓利；汉高祖文礼简阔，引起人们的轻死重义，怨恚必仇；武帝崇尚儒学，又出现了党同伐异的纷争；到桓灵之际，主荒政谬，宦官当权，则造成清议的流行。他认为，"上好则下必甚，矫枉故直必过，其理然矣。"表明范晔看到了某些历史现象向矛盾的对立面发展，他企图用"理"来概括说明。在《党锢列传》序中，范晔还用四组矛盾的事物来比喻党锢问题所面临的矛盾，阐述了作者的朴素辩证法思想，这在过去的史书上是极少见的。

《后汉书》

范晔对《后汉书》的体裁问题是动过一番脑筋的。根据《隋书·魏憺传》记载，范晔著书时曾对纪传体和编年体进行过比较。他说："《春秋》者，文既总略，好失事形，今人拟作，所以为短。纪传者，史、班之所变也，网罗一代，事义周悉，适之后学，此焉为优，故继而作之。"这表明在他看来，采用纪传体写史比编年体更能全面地反映历史的本来面目，能给后人提供更多的东西。

《后汉书》大部分沿袭《史记》《汉书》的现成体例，但在成书过程中，范晔根据东汉一代历史的具体特点，则又有所创新，有所变动。首先，他在帝纪之后添置了皇后纪。东汉从和帝开始，连续有六个太后临朝。把她们的活动写成"纪"的形式，既名正言顺，又能准确地反映这一时期的政治特点。其次，《后汉书》新增加了《党锢》《宦者》《文苑》《独行》《方术》《逸民》和《列女》七个类传。范晔是第一位在纪传体史书中专为妇女作传的史学家。尤为可贵的是,《列女传》所收集的十七位杰出女性,还包括并不符合礼教道德标准的才女蔡琰。范晔首创《文苑传》更是把握了汉代的文学发展趋势,将孔门四科中地位最低的文学摆到了应有的位置。此外,《党锢传》《宦者传》都是为反映一代特点、概括一代大事而设立的。再次,《后汉书》突出了"论""赞"的地位。司马迁、班固和陈寿在他们的著作中也都明文评史,只是具体名目不同。

《史记》称"太史公曰",《汉书》为"赞",《三国志》曰"评"。"论""赞"在《后汉书》中的重要性远在前面三书之上,因为范晔不但利用这种形式评论史实,还对某一历史人物或事件进行综述,从几个方面反复地进行分析,对本传起到题解作用。《后汉书》的"论"一般是指纪传后面的论,差不多每篇都有一首或一首以上。论中又有序论,也称作序,是在《皇后纪》和杂传的前面。"论"多是评论历史问题和历史人物,有时也采取讽喻或感慨的形式。"赞"在每篇纪传后面都有一首,一律用四字一句的韵语写成,或概括史实,或另发新意,多可补论的不足。"赞"的语言凝练,用意很深。例如从《光武帝纪》到《孝献帝纪》的赞,概括了东汉建立、发展和衰亡等不同阶段的政治大事。把九首赞合起来看,简直是一篇用韵语写的东汉政治史略。

在《胡广传》中,作者写了一个以苟合取容又无可短长的官僚的升迁史,赞曰:"胡公庸庸,饰情恭貌。朝章虽理,据正或桡。"透露了作者对这类人物的指责和义愤。

呕心沥血编通鉴——司马光

司马光,字君实,号迂叟,山西运城夏县涑水乡人,世称涑水先生,北宋政治家、史学家。宋仁宗时中进士,英宗时进龙图阁直学士。宋神宗时,王安石施行变法,朝廷内外有许多人反对,司马光就是其中之一。王安石变法以后,司马光离开朝廷十五年,专心编纂《资治通鉴》,用功、刻苦、勤奋。用他自己话说是:"日力不足,继之以夜。"

宋仁宗末年,他任天章阁待制兼侍讲知谏院,他立志编写《通志》,作为封建统治的借鉴。治平三年(1066年)写成战国迄秦的八卷上进,英宗命设局续修。神宗时

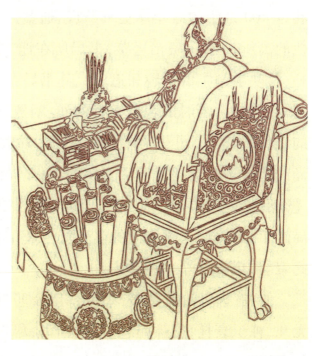

司马光

赐书名《资治通鉴》。王安石行新政，他竭力反对，与安石在帝前争论，强调祖宗之法不可变。被命为枢密副使，坚辞不就。次年退居洛阳，以书局自随，继续编写《资治通鉴》，至元丰七年(公元1084年)成书。他从发凡起例至删削定稿，都亲自动笔。元丰八年(公元1085年)宋哲宗即位，高太皇太后听政，召他入京主国政，次年任尚书左仆射兼门下传郎，数月间尽废新法，罢黜新党。为相八个月病死，追封温国公。遗著有《司马文正公集》《稽古录》等，还有诸多名著被众人所流传。

司马光的主要成就反映在学术上。其中最大的贡献，莫过于主持编写《资治通鉴》。

宋神宗熙宁年间，司马光强烈反对王安石变法，上疏请求外任。熙宁四年(公元1071年)，他判西京御史台，自此居洛阳十五年，不问政事。在这段悠游的岁月里，司马光主持编写了294卷近400万字的编年体史书《资治通鉴》。司马光的独乐园，既是他的寓所，也是《资治通鉴》书局所在地。这里环境幽美，格调简朴，反映了园主的情趣和追求。其书局在汴京时已奉诏成立，除司马光之外，当时的著名学者刘恕、刘攽和范祖禹都参与了书局的工作。其中，司马光任主编，刘恕、刘攽、范祖禹为协修，司马光的儿子司马康担任检阅文字的工作。司马光来洛阳后，便把《资治通鉴》书局由汴梁迁到洛阳。在独乐园中常住的不仅有书局的工作人员，当时洛阳的名贤如二程、邵雍、文彦博等也常来此聚会，堪称一个学术中心。

他在《进资治通鉴表》中说："臣今筋骨癯瘁，目视昏近，齿牙无几，神识衰耗，旋踵而忘。臣之精力，尽于此书。"司马光为此书付出毕生精力，成书不到两年，他便积劳而逝。

司马光的诚信

司马光一生诚信,应该也是受父亲的诚实教育的影响,大概在五六岁时,有一次,他要给胡桃去皮,他不会做,姐姐想帮他,也去不掉,姐姐就先行离开了,后来一位婢女用热汤替他顺利将胡核去皮,等姐姐回来,便问:"谁帮你做的?"他欺骗姐姐是自己做的,父亲便训斥他:"小子怎敢说谎。"司马光从此不敢说谎,年长之后,他还把这件事写到纸上,策励自己,一直到死,没都有再说过谎言。邵雍的儿子邵伯温还看过这张纸。清人陈宏谋说:"司马光一生以至诚为主,以不欺为本。"后人对司马光盖棺论定之语,也是一个"诚"字。

有一次,司马光跟小伙伴在后院里玩耍。院子里有一口大水缸,有个小孩爬到缸沿上玩,一不小心掉到了水缸里。缸大水深,眼看那孩子快要没顶了。别的孩子一见出了事,吓得边哭边喊,跑到外面向大人求救。

司马光却急中生智,从地上捡起一块大石头,使劲向水缸砸去,"砰"!水缸破了,缸里的水流了出来,被淹在水里的小孩也得救了。小小的司马光遇事沉着冷静,从小就是一副小大人模样。这件偶

《司马光砸缸》故事插图

然的事件使小司马光出了名，有人把这件事画成图画，被人们广泛流传。

　　还有一次，司马光要卖一匹马，这匹马毛色纯正漂亮，高大有力，性情温顺，只可惜夏季有肺病。司马光对管家说："这匹马夏季有肺病，这一定要告诉给买主。"管家笑了笑说："哪有人像你这样的呀？我们卖马怎能把人家看不出的毛病说出来！"司马光可不认同管家这种看法，对他说："一匹马多少钱事小，对人不讲真话，坏了做人的名声事大。我们做人必须要有诚信，要是我们失去了诚信，损失将更大。"管家听后惭愧极了。

　　司马光性情淡泊、不喜奢华，他在《训俭示康》中曾提到小时候长辈会给他穿华美的衣服，他总是害羞脸红而把它脱下。宝元

司马光像

年间中举时,曾得到仁宗皇帝的接见。酒席宴会上,每人都在头上插满鲜花,肆无忌惮地嬉戏取乐,唯独司马光正襟危坐,也不戴花。同僚提醒说:"戴花乃皇上之令也!"司马光才不太情愿地戴了一朵小花。

司马光有一个老仆,一直称呼他为"君实秀才"。一次,苏轼来到司马光府邸,听到仆人的称呼,不禁好笑,戏谑曰:"你家主人不是秀才,已经是宰相矣,大家都称为'君实相公'!"

老仆大吃一惊,以后见了司马光,都毕恭毕敬地尊称"君实相公",并高兴地说:"幸得大苏学士教导我……"司马光跌足长叹:"我家这个老仆,活活被子瞻教坏了。"

政治主张

司马光在政治上是标准的守旧派人士,他跟主持变法的王安石发生了严重分歧,几度上书反对新法。他认为刑法新建的国家使用轻典,混乱的国家使用重典,这是世轻世重,不是改变法律。所谓"治天下譬如居室,敝则修之,非大坏不更造也"。司马光与王安石,就竭诚为国来说,二人是一致的,但在具体措施上,各有偏向。王安石主要是围绕着当时财政、军事上存在的问题,通过大刀阔斧的经济、军事改革措施来解决燃眉之急。司马光则认为应偏重于通过伦理纲常的整顿,来把人们的思想束缚在原有制度之内,即使改革,也定要稳妥,因为"大坏而更改,非得良匠美材不成,今二者皆无,臣恐风雨之不庇也"。

司马光的主张虽然偏于保守,但实际上是一种在"守常"基础上的改革方略。王安石变法中出现的问题,如新法不能有效落实和用人不当等情况,从侧面证明司马光在政治上还是老练稳健的。

可以使用一句话来评价司马光的一生：其实司马光的一生主要就是干了这两件事情，即编写《资治通鉴》和反对王安石的新法。但是有一点必须要注意就是：司马光之所以与王安石政见不和仅仅是在政治观点上有分歧，在本质上都是为国为民的真君子——纯粹君子之争，绝对不是为了一己私利，不然王安石在痛恨司马光之余也不会由衷地道出："司马君实，君子人也！"一个令政敌都叹为君子的人，绝对不是一个小人！

司马光在政治上的理解比王安石要深刻得多，在为变法问题斗得死去活来之后，司马光留下了这样的见解，基本可以概括他对王安石一生的看法"介甫无它，唯执拗耳"。

有着高度政治敏感性的司马光觉察到了变法的不妥，但具体哪里不妥限于当时的历史条件他不可能进行很准确的描述，只能通过变法造成的一些恶果来解释他反对变法的原因。在宋神宗面前不断和王安石争辩，但缺乏现代经济理论，司马光无法对变法方案进行有力辩驳。终其所述，只有"不妥"二字而已。结果造成了神宗误会他无理取闹的局面，不得不远离政治中心，出走洛阳。

还有一点要注意的就是司马光在和对方的争斗中不能得胜时，便选择了回避和退让，而不是伺机报复和恶意中伤。曾有人劝司马光弹劾王安石，然而司马光却一口回绝了他们：王安石没有任何私利，为什么要这样做？面对身为副宰相的王安石的如日中天，司马光毫不犹豫地选择了退让。

全民抄写《三国志》——陈寿

陈寿，西晋史学家，巴西安汉人。他小时候好学，师事同郡学者谯周，在蜀汉时曾任卫将军主簿、东观秘书郎、观阁令史、散骑黄门侍郎等职。当时，宦官黄皓专权，大臣都曲意附从。陈寿因为不肯屈从黄皓，所以屡遭遣黜。入晋以后，历任著作郎、长平太守、治书侍御史等职。280年，晋灭东吴，结束了分裂局面。陈寿当时48岁，开始撰写并《三国志》。历经10年艰辛，陈寿完成了流传千古的历史巨著《三国志》。《三国志》是一部纪传体

陈寿

三国史，书中有440名三国历史人物的传记，全书共65卷，36.7万字，完整地记叙了自汉末至晋初近百年间中国由分裂走向统一的历史全貌。

《三国志》同时也是一部记载魏、蜀、吴三国鼎立时期的断代史。其中，《魏书》三十

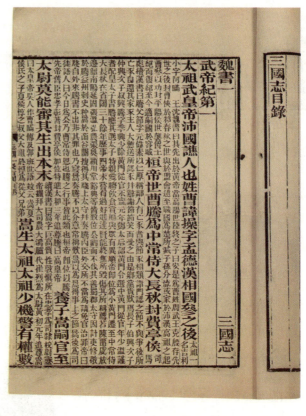

《三国志》

卷，《蜀书》十五卷，《吴书》二十卷，共六十五卷。记载了从220年到280年60年的历史。

陈寿是晋臣，晋是承魏而有天下的，所以，《三国志》便尊魏为正统。在《魏书》中为曹操写了本纪，而《蜀书》和《吴书》则只有传，没有纪。记刘备则为《先主传》，记孙权则称《吴主传》。这是编史书为政治服务的一个例子，也是《三国志》的一个特点。

陈寿虽然名义上尊魏为正统，实际上却是以魏、蜀、吴三国各自成书，如实地记录了三国鼎立的局势，表明了它们各自为政，互不统属，地位是相同的。就记事的方法来说，《先主传》和《吴主传》，也都是年经国纬，与本纪完全相同，只是不称纪而已。陈寿这样处理是符合当时实际情况的，这足见他的卓识和创见。

《三国志》总体来说记事比较简略,这可能与史料的多少有关。陈寿是三国时人,蜀国灭亡时 31 岁。他所修的《三国志》在当时属于现代史,很多事是他亲身经历、耳闻目见的,比较真切,按说是有条件搜集史料的。但因为时代近, 有许多史料还没有披露出来;同时,因为恩怨还没有消除,褒贬很难公允,也给材料的选用和修史带来了一定的困难。

从魏、蜀、吴三书比较来看,《蜀书》仅得十五卷,较魏、吴两书更简。这大概是魏、吴两国的史料多于蜀的缘故。陈寿写《三国志》时,魏国已有王沈的《魏书》、鱼豢的《魏略》,吴国也有韦昭的《吴书》可作参考,这给陈寿搜集史料提供了极大方便。而蜀汉既没有史官,也没有现成的史书可借鉴,搜集史料就非常困难。陈寿费了很大气力,连一些零篇残文也注意搜寻,《蜀书》才仅得十五卷之数。《蜀书》中的许多重要人物的事迹,记载都十分简略,可见蜀汉的史料是相当缺乏的。另外,因为政治上的原因,陈寿也可能舍弃了一些材料,如牵涉司马懿的一些不光彩的事,不便写,只好舍弃了。

陈寿所著的《三国志》,与前三史一样,也是私人修史。他死后,尚书郎范頵上表说:"陈寿作《三国志》,辞多劝诫,明乎得失,有益风化,虽文艳不若相如,而质直过之,愿垂采录。"由此可见,《三国志》书成之后,就受到了当时人们的好评。

陈寿叙事简略,三书很少重复,记事翔实。在材料的取舍上也十分严慎,为历代史学家所重视。史学界把《史记》《汉书》《后汉书》和《三国志》合称前四史,视为纪传体史学名著。

但是,唐朝房玄龄等奉诏撰写的《晋书·陈寿传》,在承认陈寿"善叙事,有良史之才"的同时,又认为陈寿因为私仇而在书中

有所表现。

历史故事

《三国志》中的故事已被世人所熟知,在这部经典史书的背后,在陈寿的故乡又隐藏着一些怎样的历史故事和人物的命运呢?

南充在三国时叫巴西郡安汉县,是蜀国领地。陈寿出生于蜀后主刘禅建兴十一年(公元233年),也就是刘备在白帝城向诸葛亮托孤后的第十一年,三国争霸已进入尾声。

陈寿少年时就聪慧好学,从小就对历史著作表现出了特别的兴趣。他先通读了最为古老的《尚书》和《春秋》,更精细地研习了西汉司马迁的《史记》和东汉班固的《汉书》,熟悉了写作史书的方法。同时,他所写的文章丰厚动人,深得长辈的赞许。陈寿小时候就在家中读书,时时受到父亲的关注和督促。

陈寿的父亲是马谡的参军,失街亭以后,陈寿的父亲和马谡一样受到处罚,马谡被诸葛亮让刀斧手杀了,这就是三国演义中经典的"诸葛亮挥泪斩马谡"。也是戏曲中"失空斩"三部曲中的"斩",陈寿的父亲就受到髡刑的处罚,就是削发,剃去头发,这在当时是种极具污辱性的处罚,然后逐出军营,这个时候陈寿的父亲才回到家乡,几年之后结婚生子,得了陈寿,陈寿的父亲把他在失街亭当中满腔的义愤和不得志寄予他儿子陈寿的身上,从小对陈寿的要求就非常严格。

陈寿塑像

1992 年,在修建万卷楼时,在陈寿的故居中出土了这样一块汉砖,经仔细辨认,确定汉砖的内容是教子图,这使得陈寿的父亲的形象更加清晰起来,正是在这样的教学之中,陈寿与父亲建立了深厚的感情。

　　后来,陈寿的父亲病故,陈寿匆忙赶回家中,守孝三年。而在其后来编撰而成的《三国志》中,对于因卷入失街亭一战而受牵连的老父却只字未提,对于惩罚父亲的诸葛亮却大加颂扬。大抵也因此,陈寿的父亲在历史上连名字都没有留下。后人常有提及,只能称其为陈寿父。

　　陈寿大约在 18 岁时进入了蜀国都城成都的太学学习,遇到了影响他的人生的第二个人物——同是南充人的谯周。在谯周门下学习时,陈寿进一步刻苦攻读史学,在南充的民间至今流传许多陈寿刻苦读书的故事。

　　谯周作为三国后期的重要人物或许不被今天的人们所熟知。陈寿在他的《三国志》中专门为这位同乡的老师写了一篇传

陈寿塑像

记。谯周语言幽默，传记中说诸葛亮都被他幽默的话语逗乐。就是这样一个诙谐幽默的人，最终左右了三国鼎立的格局。

三国后期，魏国逐渐强大。蜀、吴均无力与魏国抗衡。魏国伐蜀时，兵至阴平。危急关头，谯周力劝后主刘禅降魏，并打消刘禅顾虑，说如果降魏后魏国不封刘禅为王，他愿冒险去魏国说理。刘禅听从了谯周的意见，投降魏国。三国鼎立的格局被打破。

这样一方面能够保证后主刘禅不至于身败名裂，另一方面又能使全蜀老百姓不至于生灵涂炭。

陈寿在《三国志》中也是如此评价他的老师的，然而在那个忠义为本的封建社会中，谯周的所作所为在很多人看来无疑是违背忠义之道的，当世和后世的人对于谯周都有着诸多的非议。

南充人宽容地接纳了这位颇具争议的老乡。蜀国降魏后，谯周数次拒绝了魏王封赏给他的高官厚禄。7年后，谯周在家乡于纷扰中离开了人世，誓死不肯穿魏王赐给他的寿衣。这其中的是非曲直，只能任由后世评说了。今天的谯周墓坐落在一处颇为热闹的市民小区中，人们在茶余饭后不知是否会偶尔想起这位用名节换来这一方平安的老乡。

之后形式的演变，果然如同谯周所预料的那样，蜀国在归入魏国两年后，魏国的晋王司马昭之子司马炎以受禅让之名取代魏国建立晋朝，也就是历史上的西晋。公元280年，晋朝消灭吴国。至此，长达84年分裂割据的局面终于结束。

蜀汉灭亡那一年，陈寿31岁，渐入中年。他留在了故乡南充，闲居家中，埋头读书数年，造诣日深。外面世界所发生的一切他也都看在眼中，《三国志》的构思也许从那几年就开始了。

历史的天空

历史上著名的史学家

陈寿祠

公元268年，36岁的陈寿离开故乡南充赶赴晋都城洛阳，担任西晋著作郎，专门负责编撰史书。从此，他的人生步入了一个新的阶段。天下一统的政治环境使得陈寿编撰《三国志》的设想成为可能。从小就在蜀国成长起来的陈寿早已积累了大量蜀国的资料，后又补充魏、吴两国资料，一部长达65卷的鸿篇史学巨著终于编撰而成。

《三国志》完成那一刻起就在当时引起了轰动。晋惠帝在看过《三国志》后当即下诏，命令全国百姓每家每户都要抄写《三国志》，这也使得《三国志》中的故事很快在民间普及。到唐朝时，社会上出现了一种新兴的行业——说书，又进一步推动了三国故事在民间的普及。

《三国志》中的人物及故事以说书的形式在民间流传了1000多年，至今我们在南充的老茶馆中仍可听到许多关于三国故事的评书。流传中，人们对《三国志》中记载的历史故事按照自

143

己的价值观念进行取舍演义,后来罗贯中的《三国演义》便是根据说书人的记载完成的。

在南充的民间剪纸艺术中,有大量的体裁取自三国的故事和人物,《三国志》中记载的多是历史事实,关于人物形象的描述很少,这就给了后人很多想象和发挥的空间。关于人物形象和故事也便有了不同的版本。

汉恒候张飞曾在南充阆中驻守了 7 年, 在当地流传着许多关于张飞的传说。时光流转,当地的人们对于张飞固有的豹头环眼形象也产生了怀疑。

那么张飞到底长什么样呢?有一尊像,这尊像就是张飞的长子张苞的儿子张遵的像,这尊像的面目很清秀,很符合现代人的审美情趣,同时这尊像一直在张飞庙里。它做成这样是有依据的,如此说来,按现代的遗传说的观点来看,那么,要是倒退的话, 他的爷爷张飞也不会太丑陋。这算是一个证明吧!证明之二呢,就是据史料记载,张飞的两个女儿,一个被后主刘禅立为皇后, 还有一个后来成了刘禅的妃子,两姐妹都被喜欢美色的刘禅看上了,那么她们的父亲张飞会是什么形象呢? 应该不会太丑吧?

《三国志》中记载,猛将张飞死在阆中,被其手下范疆与张达所害,但却没有说明范疆、张达为何要杀张飞。在南充地区流传着一种张飞之死的传说,也被当地人改编成川北皮影戏,详细解说了其中的原因。

张飞在阆中听说二哥关羽败走麦城,被吴国军队所害,异常悲愤,命手下范疆、张达赶制白盔白甲要讨伐吴国为二哥报仇。范疆、张达错听为百盔百甲,便心生杀机,杀害了酒后沉睡中的

张飞，提着张飞首级投奔东吴而去，却在路上将张飞头颅扔在了四川云阳。因此，在南充民间至今仍有张飞"头在云阳，身在阆中"的说法。

后来刘备为替两个弟弟报仇，贸然讨伐东吴，失利后病死于白帝城。"桃园三结义"的情景给今天的人们留下了无穷的回味空间。刘备、关羽、张飞虽未能同年同月同日死，却也为了相互间的情义而相继死去。

此种情义成了三国故事中最为华彩的段落。陈寿在《三国志》中树立起的刘、关、张三人之间"君贤臣忠"的关系也成了此后封建社会中君臣关系的典范，备受推崇。南充人为表达对张飞的崇敬为他雕塑了皇帝的金身，却也不忘他和刘备的君臣关系，让他持笏称臣。《三国志》的故事便以这样的方式在民间流传着。

归隐万卷楼

公元280年，西晋灭吴，中国历经汉末以来百余年的分裂重归统一，陈寿担当起了研究和撰写三国史的重任。他不舍昼夜，广泛搜集整理三国时期的档案文献，四处寻访逸闻趣事，踏访三国名人遗迹，完成了流传千古的历史巨著《三国志》。

万卷楼

145

四川南充玉屏山麓的万卷楼，是陈寿少年成长和晚年归隐之地。据史料记载：万卷楼始建于公元222—237年，为三重檐式木石结构楼阁，唐代又在楼前新建甘露寺，形成了汉唐风格的建筑群。

为了纪念陈寿这位伟大的史学家，弘扬中华民族优秀的传统文化和建设三国文化旅游胜地，南充市顺庆区人民政府于1990年在陈寿当年博览群书的万卷楼遗址——风景秀丽的玉屏山上重建了气势恢宏的万卷楼。

距万卷楼不远处，是陈寿的旧居。旧居的墙上有陈寿父母和家族简史及其宗亲的生平简介。室内的所有陈设均仿照汉代民居的特点摆放。旧居外的林荫道旁，还有多尊刻画陈寿少年时代求学苦读的石雕。

万卷楼占地面积100多亩，包括"读书楼""纪念堂""藏书阁"和雅致的廊、轩、厢房等附属建筑。它依山顺势而建，布局协调，古朴庄重。屋顶采用双重飞檐，斗拱承载，黑色筒瓦盖顶，周围廊轩环绕，线条流畅，轮廓优美，朱红漆的木门木窗和线条简洁的窗棂围栏，重现了万卷楼的汉代遗风。

"读书楼"展示的是陈寿生平及其家族概览。迎面而立的书法屏风系木刻《陈寿传》，为晋人常璩撰文，全篇以简洁的笔墨记叙了陈寿著书撰史的坎坷经历。四周墙上记述了陈寿家世及其治学历程和官宦生涯。"纪念堂"内有精心仿制的三国时期的骑兽俑、木牛流马、水磨、士卒、兵器、战车、战船、钱币、汉鼎等大小文物300余件。大量的文字、图画、书籍、照片、实物等资料，详细介绍了陈寿的著述和对后世的影响。"藏书阁"是一座二层楼的仿汉代建筑，室内陈列着各个时期不同版本的《三国志》《三国演

义》，以及有关三国历史、文化的书籍资料和音像制品等。

　　站在玉屏山脚下，顺着万卷楼前长长的石阶，便可仰望高悬在"读书楼"上的"万卷楼"巨匾。巨匾黑底金字，长4.7米，高1.8米，是已故中国书法家协会原副主席、中国佛教协会原会长赵朴初先生亲笔题写。

　　在万卷楼庭院正中，是一尊陈寿怀抱竹简、手执毛笔的青铜塑像。塑像高5米、重1吨，形态逼真，神韵飞扬。铜像周围以黑色花岗石铺成圆形鉴池，寓意"以史为鉴"。庭院展厅正中，青年陈寿半身铜像布衣高髻，目光刚毅，再现了一代史学家的精神风貌。展厅上方"并迁双固"的匾额，源于晋人常璩在《华阳国志》一书中对陈寿的高度评价，他赞誉陈寿所著《三国志》的史学成就可与司马迁、班固并肩。万卷楼的门框上，还有多副盛赞陈寿的楹联："千秋笔写千秋史，万卷楼藏万卷书""破万卷书求索宇宙

人生真谛，修三国志弘扬中华民族精神""承祚倘无三书神州竟成千古恨，果城幸有万卷举世得仰一名楼"。

万卷楼

147

开国儒师——顾炎武

　　顾炎武原为顾同应之子，曾祖顾章志，顾氏为江东望族，徐乾学、徐秉义、徐元文三人是顾炎武的外甥。顾炎武过继给去世的堂伯顾同吉为嗣，寡母是王述之女，16岁未婚守节，"昼则纺织，夜观书至二更乃息"，独立抚养顾炎武成人，教以岳飞、文天祥、方孝孺忠义之节。

　　顾炎武14岁取得诸生资格后，与同窗归庄兴趣相投，遂成莫逆之交。到18岁时二人前往南京参加应天乡试，共入复社。二人个性特立耿介，时人号为"归奇顾怪"。

　　顾炎武以"行己有耻""博学于文"为学问宗旨，屡试不中，"感四国之多虞，耻经生之寡术"，以为"八股之害，等于焚书；而败坏人才，有盛于咸阳之郊"。27岁起，他断然弃绝科举帖括之学，遍览历代史乘、郡县志书，以及文集、章奏之类，辑录其中有关农田、水利、矿产、交通等记载，兼以地理沿革的材料，开始撰述《天下郡国利病书》和《肇域志》。崇祯十四年（公元1641年）二月，祖父顾绍芾病故。崇祯十六年夏（公元1643年），顾炎武以捐纳成为国子监生。

牢狱之灾

　　顺治十二年(公元1655年)春季，顾炎武回到家乡昆山。原来，顾氏有世仆名陆恩，因见顾家日益没落，炎武又久出不归，于是背叛主人，投靠叶方恒，两人且图谋以"通海"的罪名控告顾炎武，打算置之死地。顾炎武回昆山，秘密处决陆恩，而叶方恒又与陆之婿勾结，私下将顾炎武绑架关押，并迫胁顾炎武，令其自裁。一时"同人不平"，士林大哗。所幸顾炎武知友路泽博与松江兵备使者有旧，代为说项，顾炎武一案才得以移交松江府审理。最后，以"杀有罪奴"的罪名结案。当事情危急之际，归庄计无所出，只好向钱谦益求援。谦益字受之，号牧斋，常熟人，顺治初曾任礼部右侍郎，是当时文坛领袖。钱氏声言："如果宁人是我门生，我就方便替他说话了。"虽然明知顾炎武不会同意，还是代顾炎武拜谦益为师。顾炎武知道后，急忙叫人去索回归庄代书的门生帖子。

顾炎武塑像

而谦益不与，便自写告白一纸，声明自己从未列于钱氏门墙，托人在通衢大道上四处张贴。谦益大为尴尬，解嘲道："宁人忒性急了！"

十三年春，顾炎武出狱。尽管归庄等同邑知名之士极力排解，而叶方恒到此时仍不甘心，竟派遣刺客跟踪。仲夏，顾炎武返钟山，行经南京太平门外时突遭刺客袭击，"伤首坠驴"，幸而遇救得免；嗣后，叶方恒还指使歹徒数十人洗劫顾炎武之家，"尽其累世之传以去"。

这之前的几年当中，顾炎武曾数次准备南下，赴福建参加沿海地区风起云涌的抗清复明事业，但由于各种原因，最终都未能成行。至此，顾炎武决计北游，以结纳各地抗清志士，考察中国北部山川形势，徐图复明大业。远行避祸当然也是一个原因。

清代儒师

顾炎武被称作是清朝"开国儒师""清学开山"始祖，是著名经学家、史地学家、音韵学家。他学识渊博，在经学、史学、音韵、小学、金石考古、方志舆地及诗文诸学上，都有较深造诣，有承前启后之功，成为开启一代学术先路的杰出大师。他继承明季学者的反理学思潮，不仅对陆王心学作了清算，而且在性与天道、理气、道器、知行、天理人欲诸多范畴上，都显示了与程朱理学迥异的为学旨趣。

顾炎武为学以经世致用的鲜明旨趣，朴实归纳的考据方法，创辟路径的探索精神，以及他在众多学术领域的成就，宣告了晚明空疏学风的终结，开启了一代朴实学风的先路，给予清代学者以极为有益的影响。

顾炎武还提倡"利国富民"，并认为"善为国者，藏之于民"。他大胆怀疑君权，并提出了具有早期民主启蒙思想色彩的"众治"的主张。他所提出的"天下兴亡，匹夫有责"这一口号影响深远，成为激励中华民族奋进的精神力量。

他提倡经世致用，反对空谈，注意广求证据，提出"君子之为学，以明道也，以救世也。徒以诗文而已，所谓雕虫篆刻，亦何益哉？"

钱穆称其重实用而不尚空谈，能于政事诸端切实发挥其利弊，可谓内圣外王体用兼备之学，顾炎武强调做学问必须先立人格："礼义廉耻，是谓四维。"《日知录》卷十三《正始》："保天下者，匹夫之贱，与有责焉耳矣。"另著有《肇域志》《音学五书》《亭林诗文集》等。

顾炎武故居

重视史料的发掘——傅斯年

　　傅斯年,山东聊城人,著名历史学家。傅家是山东西北一带的名门望族。明末清初,傅家出了一个傅以渐,1646年中进士,殿试一甲第一名,成为清王朝开国第一名状元,他累官至武英殿大学士,兵部尚书。傅以渐以后,傅家举人、进士辈出,任封疆大吏、布政使、知府、知县者更有多人。

考古学功臣

　　傅斯年有学术心,也有学术事业心。他以史语所为基础,对中国近代学术事业做出很大贡献,为近代中国学术事业培养了一大批优秀人才。他拉了一大批著名学者到史语所领导研究工作,如陈寅恪、徐仲舒、赵元任等。

　　1927—1937年是史语所的鼎盛时期,傅斯年招纳很多人才到史语所来。其中,不少人后来成为大家,如陈槃、石璋如、丁声树等。这些人或多或少都受过傅斯年的培养,都或多或少继承了他严谨的重材料、重考证的学风。

　　抢救、整理明清档案。清朝内阁大库的档案,内有诏令、奏章、则例、移会、贺表、三法司案卷、实录、殿试卷及各种簿册等，是极珍贵的第一手历史资料。从晚清宣统元年国库房损坏搬出存放后，几经迁徙，几易主人，潮湿腐烂、鼠吃虫蛀，损失极为严重。其中，一次主管者——历史博物馆以经费缺乏为名，曾以大洋4 000元的价格将此8 000麻袋总计15万斤的档案卖给造纸商拿去造纸。著名考古学家马衡大声疾呼，由傅斯年呈请上级领导做主，才以大洋1.8万元将这批几乎要进造纸厂的档案买下，然而已由15万斤减为十二三万斤，少了2万多斤。抢救下这批十分珍贵的档案材料，傅斯年是有大功的。

傅斯年极重视史料和新史料的获得。他有一句名言："上穷碧落下黄泉，动手动脚找东西。"在傅斯年领导史语所的同仁科学发掘河南安阳小屯殷墟之前，殷墟甲骨片的出土已有30多年的历史。19世纪末叶，安阳一带的农民在耕地时偶然发现了一些甲骨片，药材商人便当作龙骨来收购。金石学家王懿荣看到这种甲骨片，了解它的价值，便多方购求，此后逐渐引起学者的注意。19世纪末和20世纪初，先后出版了刘鹗的《铁云藏龟》、孙诒让的《契文举例》、罗振玉的《殷墟书契》等。其后，王国维利用甲骨文研究商朝历史，写出《殷卜辞中所见先公先王考》和《殷周制度论》等名作。

这一来，小屯殷墟出土甲骨出了名。古董商、药材商蜂拥而至，他们一面搜购，一面聚众私掘。外国"代表团""考古家"，也都进来高价购买甲骨。殷墟现场受到严重破坏。

傅斯年

傅斯年对此听在耳里，看在眼里，遂呈请上级领导批准，由史语所考古组正式组织人员去小屯发掘。开始困难重重，一些人的地方主义、利己主义、风头主义一时俱来，他们阻挠发掘或强制停止发掘。傅斯年亲到开封，上靠当时南京政府的权威，下依河南开明人士的支持，也靠傅斯年的办事才干、人事关系才得以疏通好，发掘工作才得以顺利进行。

1928—1937年，殷墟发掘大小共进行15次。傅斯年在百忙中，数次到小屯视察指导。规模最大的一次发掘是第13次，时在1935年夏。傅斯年偕同法国汉学家伯希和来到安阳。

在中国近代科学考古史上，傅斯年是第一功臣。这是他对中国学术事业的大贡献。

傅斯年是北京大学培养出来的，对北大特别有感情，在他一生的事业中，对北大也是很有贡献的。20世纪30年代是北大发展史上的一个辉煌的时期，教授阵营盛极一时，名家胡适、傅斯年、钱穆、陶希圣、孟森、汤用彤等都是北大教授，陈寅恪等都在北大讲课。当时蒋梦麟是北大校长，但推动北大出现这一时期的却是胡适、傅斯年，尤其是傅斯年。

个人轶事

傅斯年曾主持购进清代所藏内阁大库档案，费资不少，但在整理的过程中傅斯年却有一些失望。抗战期间，当时的历史语言研究所由昆明迁到四川李庄镇，史语所第四组即人类学组藏有许多掘自不同地区的人头骨和人体上其他部分的骨骼，这些人头骨和骨骼也和图书一样陈列在木架子上。不久，这些东西被当地人发现了，每到夜里，便有人站在山上高喊："研究院杀

人了,研究院杀人了!" 令史语所的人啼笑皆非。

1938 年,傅斯年担任参政员,曾两次上书举报行政院长孔祥熙,上层虽不予理睬,但后来还是让他抓住了孔祥熙贪污的劣迹,在参政大会上炮轰孔祥熙并最终把他轰下台。孔祥熙的继任者宋子文也难逃于此。傅斯年一篇《这个样子的宋子文非走不可》,轰动一时,宋子文也只好下台—— 一个参政员一下子赶走两任行政院长,历史上也是并不多见的。

自北大毕业,傅斯年考取了官费留学。1919 — 1926年,他先后留学英、德。留学期间,傅斯年一心扑在学习上。据赵元任夫人杨步伟在《杂记赵家》中记录,当时的留学生大多不务正业、无所事事,但这么多留学生中,真正奖全部精力用来读书、心无旁骛不理会男女之事的只有陈寅恪和傅斯年,以至于有人把他俩比作"宁国府大门口的一对石狮子"。在许多留学生都以求得博士学位为鹄的世俗风气中,傅斯年连个硕士学位也没拿到。但是,没有人不佩服他的学识渊博。

傅斯年先生疼爱学生是众所周知的。1950 年 12 月 20 日,傅斯年因脑出血猝死于台湾大学讲台,新闻报道曾广播说"傅斯年先生弃世",被其学生听成了"傅斯年先生气死"。于是,台湾大学学生聚众要求校方惩办凶手,直到当时政府官员出面解释清楚,学生才退去。由此可见,傅斯年先生深受学生的喜爱。

别具一格研究历史
——吕思勉

吕思勉，"现近代中国史学四大家"之一，12岁以后在父母师友的指导下读史书，了解中国历史。16岁自学古史典籍。1905年起，先后在苏州东吴大学、江苏省立第一师范专修科等校任教。1926年起，任上海光华大学国文系、历史系教授兼系主任。抗战期间，归乡闭户著书。抗战胜利后，重返光华大学。1951年院系合并后，任华东师范大学历史系终生教授。史学代表作品有《白话本国史》《吕著中国通史》《秦汉史》《吕思勉读史札记》等。

白话通史

吕思勉是史学界公认的书籍读得最多的学者，二十四史通读数遍，为学界同人传为美谈。吕思勉国学基础深厚，治史的意趣却不保守，五四运动时期，反对文言文、提倡白话文的"文学革命"深深地影响了史学著作的语言风格，一些史家也开始尝试运用白话文来撰写史著，如梁启超的《中国近三百年学术史》《中国历史研究法》等。"特别是当时的《中国白话报》《杭州白话报》等刊物，专辟有'历史'或'历史故事'栏，以通俗的口语向人们介绍中外历史知识……同时，中国历史通俗读物激增……此后，北京教育部也正式提倡国语，训令学校教材使用语体文。"吕思勉先生积极地接受新思想，首次使用白话文来撰写通史，《白话本国史》成为最早使用白话文撰写的新式中国通史。

《白话本国史》全书基本上是用较为浅显的白话写成的，"但遇到文言不能翻译成白话处；虽能翻而不免要减少其精神处；考据必须照录原文处，仍用原文"，这表明吕思勉先生是本着"取其精华，去其糟粕"的原则来对待白话文的。

在 1920 年发表的《新旧文学之研究》一文中，吕思勉先生认为文学创造美的途径是"心有美感，以语言为形式而表现之"，运用白话文可以使语言具有美感、突出时代性，且更易于"行远而传后"；而文言的最大弊端就在于它陈旧、不合时宜和不易流传。所以，文言必须去掉其不适合当代人的思想和古代专用语的部分以此来白话化。但是文言也有用简洁的句式表达深刻的内涵和语法严谨等优点，所以应当文言与白话互相取长补短，同时进行。虽然吕思勉先生的这种观点在今天

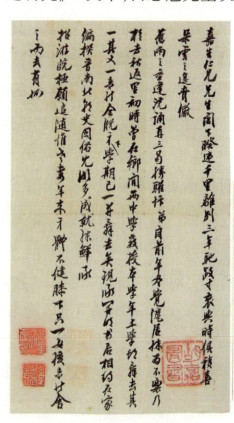

吕思勉手稿

看来有可议之处，但在白话文刚刚起步的 20 世纪 20 年代，他能够看到二者的利与弊，大胆地肯定白话、运用白话的做法比同时代的许多人都进步得多。

由于《白话本国史》使用了通俗的白话文，去掉了晦涩难懂的文言词语，顺应了时代潮流，反映了时代特征，从而受到了欢迎，成为青年学生学习中国历史的"门径之门径、阶梯之阶梯"，对于历史知识的普及有着很重要的意义。

学术成就

在吕思勉先生众多的学术著作中，1923 年由商务印书馆出版的《白话本国史》是他的史学成名作，也是中国历史上第一部用白话文写成的中国通史。《白话本国史》曾长期被用做大学教材和青年"自修适用"读物，仅 1933 — 1935 年间就重版了 4 次，对 20 世纪二、三十年代的中国史坛产生了极大的影响。

吕思勉先生曾在中华书局和商务印书馆任过编审历史教科书、参考书的编辑，又长期从事历史教学工作的实践，对当时流行的通史教材状况有很深的了解。

他认为"中国历史是很繁的。要想博览，很不容易。专看其一部分，则知识偏而不全。前人因求简要，抄出的书，亦都偏于一方面。如《通鉴》专记理乱兴衰，《通考》专详典章经制等。且其去取的眼光，多和现在不同。近来所出的书，简是很简的了。但又有两种毛病：一是其所谓简，是在全部历史里头，随意摘取几条，并不是真有研究，知道所摘出的事情，都是有关紧要的；二是措辞的时候，随意下笔，不但把自己主观羼入，失掉古代事实的真相，甚至错误到全不可据"，这样的著述既不能适应历史教学，又不

历史的天空

历史上著名的史学家

能满足学生求知的欲望。鉴于此，吕思勉先生本着把中国的历史，就个人眼光所及，认认真真地，将它紧要之处摘出来；而有用极严谨的法子，都把原文抄录，有删节而无改易。自己的意见，只注明于后的原则撰写了《白话本国史》。该书是吕思勉先生在历年教学讲稿和史学研究的基础上完成的，全书分 4 册，约 60 万字。内容框架由绪论和五编构成，在每一编里又分若干章，详细地记叙了上起远古时代，下至 1922 年华盛顿会议期间的中国历史，既有政治史事又有社会经济、文化现象，而且还叙述了东南亚、中亚、西亚各国、各民族与中国的关系，具有世界史的眼光。

全书按照中国社会经济发展和社会组织的变化分为六个不同的时期：上古（秦以前）；中古（秦汉至唐朝全盛）；近古（唐朝安史之乱至南宋）；近世（元朝至清朝中期）；最近世（西力东渐至清朝灭亡）；现代（辛亥革命以后）。这种按照社会进化的观点划分历史阶段的做法明显区别于以往的史书，对时人和以后的史学界都产生了深远的影响。在《白话本国史》出版以前，严格地说，当时的中国并没有一部真正的新式通史。

吕思勉故居

图书在版编目（CIP）数据

历史上著名的史学家 / 王博编著. -- 长春：吉林
出版集团股份有限公司, 2014.10
（历史的天空 / 张帆主编）
ISBN 978-7-5534-5662-1

Ⅰ. ①历… Ⅱ. ①王… Ⅲ. ①史学家－生平事迹－世
界－少儿读物 Ⅳ. ①K815.81-49

中国版本图书馆 CIP 数据核字(2014)第 221367 号

历史的天空（彩图版）
历史上著名的史学家
LISHI SHANG ZHUMING DE SHIXUEJIA

著　　者　王　博
出 版 人　吴　强
责任编辑　陈佩雄
开　　本　710 mm×1000 mm　1/16
印　　张　10
字　　数　150千字
版　　次　2014年10月第1版
印　　次　2021年11月第3次印刷

出　　版　吉林出版集团股份有限公司
发　　行　吉林音像出版社有限责任公司
　　　　　吉林北方卡通动漫有限责任公司
　　　　　（吉林省长春市南关区福祉大路5788号）
电　　话　0431-81629667
印　　刷　鸿鹄（唐山）印务有限公司

ISBN 978-7-5534-5662-1　　定　价　45.00元

如发现印装质量问题，影响阅读，请与出版社联系调换。